VIAGEM INTERIOR AO TIBETE

Acompanhando os Mestres do Budismo Tibetano Lama Gangchen Rimpoche e Lama Michel Rimpoche

BEL CESAR

VIAGEM INTERIOR AO TIBETE

Acompanhando os Mestres
do Budismo Tibetano
Lama Gangchen Rimpoche e
Lama Michel Rimpoche

© Isabel Villares Lenz Cesar, 2000

2ª EDIÇÃO, 2002

Diretor Editorial
JEFFERSON L. ALVES

Diretor de Marketing
RICHARD A. ALVES

Gerente de Produção
FLÁVIO SAMUEL

Assistente Editorial
ROSALINA SIQUEIRA

Capa
EDUARDO OKUNO

Fotos de Capa
BEL CESAR
STEFANO SCHULTHAUS

Fotos
BEL CESAR
TIZIANA CIASULLO

Preparação de Texto
IRACI MIYUKI KISHI

Revisão
CÉLIA REGINA DO N. CAMARGO

Editoração Eletrônica
ANTONIO SILVIO LOPES

Dados Internacionais de Catalogação na Publicação (CIP)
(Câmara Brasileira do Livro, SP, Brasil)

Cesar, Bel
Viagem interior ao Tibete : acompanhando os mestres do budismo tibetano Lama Gangchen Rimpoche e Lama Michel Rimpoche / Bel Cesar. – 2ª ed. – São Paulo : Gaia, 2002.

ISBN 85-85351-88-8

1. Budismo – Tibete 2. Budismo tântrico 3. Tibete (China) – Descrição e viagens I. Título.

00-5378   CDD–915.15

Índices para catálogo sistemático:

1. Tibete : Descrição e viagens 915.15

Direitos Reservados
EDITORA GAIA LTDA.
(uma divisão da Global Editora
e Distribuidora Ltda.)
Rua Pirapitingüi, 111-A – Liberdade
CEP 01508-020 – São Paulo – SP
Tel.: (11) 3277-7999 – Fax: (11) 3277-8141
E.mail: gaia@dialdata.com.br

Colabore com a produção científica e cultural.
Proibida a reprodução total ou parcial desta obra
sem a autorização do editor.

Nº DE CATÁLOGO: **2224**

*Dedico a energia positiva acumulada com
este livro para a longa vida de meu mestre,
Lama Gangchen Rimpoche, e de meu filho,
Lama Michel Rimpoche. Possam seus ensinamentos
inspirar aqueles que praticam o caminho da paz.*

AGRADECIMENTOS

Gostaria de agradecer a todos que me inspiraram a escrever este livro.

Em primeiro lugar a Lama Gangchen Rimpoche pela oportunidade de acompanhá-lo nessa viagem ao Tibete e pela transmissão de seus ensinamentos de forma direta e amorosa.

A Lama Michel, por sua dedicação ao grupo durante toda a viagem, traduzindo o tibetano para nossa língua e abrindo portas que nos possibilitaram olhar com devoção e bom humor o Tibete mais de perto.

A Tiziana Ciasullo, por sua dedicação ao grupo, pela amizade sincera e pelas fotos oferecidas para este livro.

A todos os companheiros dessa viagem, que, com boa vontade, tornaram nosso dia-a-dia uma experiência de paz.

A João Farkas e Simone Rosenthal, que me convidaram para escrever esse "diário de bordo" para o iG.

A Adriana Toledo Piza e a Liane Alves, pelas horas dedicadas com prazer e amizade à revisão do texto.

A Jefferson L. Alves e Richard Alves, pela abertura, confiança e incentivo ao editarem este livro.

Gostaria também de agradecer a todos que me ajudam a sustentar o interesse pela vida interior:

A minha mãe Elisa, que me transmite a coragem de seguir em frente.

A minha filha Fernanda, com quem compartilho descobertas em olhar a vida de modo positivo.

A meu marido Stefano, pelo apoio seguro e confiante.

A meus amigos e pacientes, com quem compartilho a luz e a sombra do caminho interior.

Ao Centro de Dharma da Paz, que abre este caminho para mim e para muitas outras pessoas.

PREFÁCIO

por *Lama Gangchen Rimpoche*

Fiquei muito feliz quando Bel me contou que estava escrevendo um livro sobre a viagem que fizemos este ano ao Tibete. Nós nos conhecemos desde 1987. Não apenas nos tornamos bons amigos mas também, desde então, temos trabalhado juntos por um futuro melhor para a nossa Mãe Terra.

Estamos vivendo numa era de alta tecnologia, desenvolvimento e comunicação de massas, mas os níveis energético e ambiental estão cada vez mais desequilibrados e poluídos. Por isso, nossas experiências têm sido cada vez mais sofridas, causando-nos um alto custo financeiro e energético. Precisamos com urgência dar um novo direcionamento ao nosso crescimento. A tradição cultural tibetana está baseada na paz. Por isso, pode servir de exemplo e inspirar-nos a transformar nossa sociedade de violência numa sociedade de não-violência.

Bel esteve comigo no Tibete duas vezes, junto com seu filho Lama Michel Rimpoche e nosso grupo de amigos de diferentes países. Nessas viagens pesquisamos e aprendemos juntos a focar a espiritualidade em nossas ações cotidianas. Bel conta em seu livro essas experiências, que são muito úteis para todos nós. Espero que este livro possa ajudar muitas pessoas a encontrar a paz. Isso me alegra muito.

Agradeço a Jefferson e a Richard, da Editora Gaia, pela iniciativa de editar este livro. Acredito que escrever livros como este é o melhor investimento para ajudar muitas pessoas a encontrar a paz interna e externa agora e sempre.

Albagnano, Itália, 23 de outubro de 2000.

PREFÁCIO

por *Lama Michel Rimpoche*

O Tibete é um lugar que contém muitas riquezas, guardadas entre suas montanhas por centenas de anos. Desde 1959, parte delas vem chegando ao Ocidente, transformando a vida de muitas pessoas. Os ensinamentos de Buddha, depois de permanecerem por séculos no interior dos monastérios, chegam até nós.

Muitos visitam o Tibete para ver suas montanhas, o céu azul, os lagos turquesa e os antigos monastérios e templos. Esquecem, porém, que cada uma dessas riquezas externas nos leva a um tesouro interior. O céu e as montanhas nos dão uma sensação de espaço como nunca senti em outro lugar, lembrando o espaço interior que cultivamos para ter uma mente calma, feliz e satisfeita.

Cada templo nos traz uma história e as bênçãos daqueles que lá rezaram e meditaram por centenas de anos. As estátuas não são apenas obras de arte, mas representam as idéias e as qualidades internas que queremos despertar em nós. Por exemplo, a estátua de Maitreya, no Monastério de Tashi Lumpo, nos lembra o "grande amor", o verdadeiro amor, que não estabelece diferença entre amigos e inimigos e que deseja a felicidade de todos os seres sem exceção.

Assim podemos conhecer o Tibete exterior e interiormente.

Fazendo uma viagem interior, quando voltamos para casa não temos apenas fotos e histórias para contar, mas acumulamos uma bagagem interior da qual nunca vamos nos separar.

Espero que neste livro cada um possa fazer uma "viagem interior" ao Tibete, passando por suas riquezas externas e seus tesouros internos.

Monastério de Sera Me, sul da Índia,
25 de outubro de 2000.

SÃO PAULO,
3 DE AGOSTO DE 2000.

Hoje saio de São Paulo rumo ao Tibete. Serão cinco dias de viagem até chegar a Lhasa, a capital. Virão pessoas de diversos países para esse encontro. A reunião com o grupo será em Katmandu, capital do Nepal. Meu filho, Lama Michel Rimpoche, já está lá nos esperando. Ele será nosso guia até encontrarmos Lama Gangchen Rimpoche, nosso mestre espiritual, que já está no Tibete há duas semanas.

Espero, no decorrer deste "diário de bordo", compartilhar com vocês os ensinamentos e a alegria particular desse ser extraordinário que é Lama Gangchen Rimpoche.

Lama Gangchen é um Buddha, um ser que realizou a sabedoria profunda, um mestre do Budismo Tântrico e um grande amigo. Como ele mesmo diz: "Se você me buscar como um amigo, receberá as bênçãos de um amigo; se você me reconhecer como um mestre, receberá as bênçãos de um mestre; e se me olhar como um Buddha receberá as bênçãos de um Buddha". Confesso que desde que vi Gangchen Rimpoche pela primeira vez, há treze anos, olhei para ele como um Buddha, reconheci-o como um mestre e encontrei o meu melhor amigo.

Ele nasceu no Tibete em 1941, mas, segundo a tradição tibetana, sua biografia se inicia seis séculos atrás, quando foi Panchen Zangpo Tashi, discípulo de Gendün Drup (1391-1474), o I Dalai-Lama. Gendün Drup foi o primeiro líder Guelupa sucessor de Lama Tsong Khapa, o fundador dessa linhagem.

Nessa vida precedente, Gangchen Rimpoche foi também o segundo abade do Monastério de Tashi Lumpo e o fundador do Monastério de Gangchen. O monastério, fundado no século XV, foi parcialmente destruído na década de 1960 durante a ocupação chinesa no Tibete, e durante a Revolução Cultural da China, na década de 1970. A partir da década de 1980, com a política de tolerância em relação ao Tibete iniciada pelo governo de Deng Xiaoping, muitos monumentos e monastérios começaram a ser reconstruídos, permitindo um renascimento das práticas religiosas tibetanas.

A motivação que une todos nós nesta viagem é a de participar da inauguração da reconstrução desse monastério, que fica a 32 quilômetros de Shigatse, a segunda maior cidade do Tibete, localizada na parte central do país.

Lama Gangchen Rimpoche deixou o Tibete em 1963, quando passou a viver em exílio na Índia. Em 1985, ele foi convidado para viver na Itália. Em 1987, organizei a primeira visita de Gangchen Rimpoche a São Paulo. No ano seguinte, fundamos, no bairro do Sumaré, o seu primeiro Centro de Dharma no Ocidente. Hoje existem mais de 140 grupos de estudo e meditação orientados por ele em diversos países do Ocidente e do Oriente.

Acompanho Lama Gangchen em suas viagens há doze anos. Por isso, parto com a confiança de que durante mais esta viagem poderei acelerar o meu processo de autoconhecimento e desenvolvimento espiritual. No entanto, é a primeira vez que parto com a proposta de escrever um diário de bordo para a Internet!

Há duas semanas fui convidada por João Farkas a fazer este diário de bordo numa página do iG chamada Árvore da Vida. Fiquei inquieta e contente ao mesmo tempo. Toda oportunidade é um desafio. Depois que Lama Gangchen autorizou a proposta, comprei um *notebook* e uma câmera fotográfica digital, pedi alguns conselhos para os amigos e, por último, preparei várias fórmulas de Essências Florais para ter inspiração e confiança.

E assim estou partindo para uma peregrinação em busca de algo profundo e secreto: a natureza iluminada, que, segundo os budistas, está presente em todos os seres.

Sempre gostei de escrever, viajando ou não. Em 1994, compilei 108 frases, em sua maioria ditas por Gangchen Rimpoche, com a intenção de criar um livro. Quando as mostrei para Rimpoche, ele me disse que elas poderiam ser usadas também como um oráculo, um sistema de adivinhação. Ele disse: "Estamos sempre procurando soluções para nossos problemas; este oráculo será o primeiro de uma série que nos ajudará a encontrar soluções apropriadas para despertar nosso autodesenvolvimento".

E assim nasceu o livro *Oráculo – Lung Ten*. Agora, com ele em mãos, abro aleatoriamente uma de suas pági-

nas concentrando-me na seguinte pergunta: "Qual o benefício de compartilhar com o iG o diário desta viagem?". E vejam a resposta: "São inúmeras as vezes em que precisamos fazer as coisas por nós mesmos; porém, isso não quer dizer que vamos fazê-las sozinhos". Interpretei que esse diário pessoal se tornou possível porque vou compartilhá-lo com outras pessoas.
 Tashi Delek! ("Bem-vindo" ou "boa sorte" em tibetano.)

KATMANDU,
6 DE AGOSTO DE 2000.

Após doze horas de vôo de São Paulo a Londres, viajamos mais doze horas para chegar a Katmandu, no Nepal, com escala em Doha, capital do Catar, vizinho da Arábia Saudita. Eu nunca tinha ouvido falar dessa cidade. No aeroporto, sem idéia sobre a localização desse lugar na Terra, resolvi consultar no *notebook* o mapa astral daquele momento, para me localizar pelo menos no céu. Com surpresa e alegria, vi que Júpiter encontrava-se em Gêmeos, no ponto mais alto do mapa, indicando um momento pessoal de alegria e expansão espiritual.

A previsão do total do grupo é de quarenta pessoas, entre as quais onze brasileiros. Várias delas já se encontraram em Londres. Outra parte do grupo está com Lama Gangchen em Shigatse, no Tibete, organizando os preparativos para a inauguração do monastério.

Lama Michel e Tiziana, uma das assistentes de Gangchen Rimpoche, estavam nos esperando no aeroporto de Katmandu. É sempre tão bom reencontrá-los. Em geral nos vemos uma vez por ano, sempre viajando com Gangchen Rimpoche. Lama Michel é meu filho. Ele agora está com dezenove anos. Quando tinha doze anos, tomou a decisão de tornar-se monge e morar num monastério no sul da Índia. Essa é uma longa história que contarei aos poucos.

Tiziana é amiga de Lama Michel há onze anos. Quando estamos os três juntos, sempre tenho a experiência de "tudo dar certo". Mesmo quando as coisas parecem estar "dando errado", um inspira o outro a praticar o Dharma: a transformar os problemas em soluções, a recuperar uma mente confortável, estável e um coração aberto.

Ao entrar em Katmandu já senti o impacto do que chamo de um "caos organizado". Apesar de já ter vindo para cá várias vezes, sempre fico surpresa de ver como é possível tudo fluir em meio a tanta confusão: carros e ônibus velhos, riquixás puxados a bicicleta e pequenos táxis de três rodas buzinando num fluxo de duas mãos que parece tecer uma trança... Buzinam o tempo todo, mas sem o nervosismo da cidade grande. Nunca presenciei uma discussão por causa do trânsito.

Tudo acontece ao mesmo tempo: guardas apitam entre as pessoas que atravessam as ruas desordenadamente junto com vacas e cabras; mulheres carregam sacos enormes nas costas, crianças brincam na rua e homens costuram roupas ou trabalham com artesanato em cobre. Outros ficam sentados em seus mercadinhos, que mais parecem vitrines dando direto para a rua. Poluição, chuva, lama. Há vida nas ruas.

Comecei a entender melhor por que parece que o caos é mais vivo do que a ordem estabelecida quando li o livro de John Briggs, *Sabedoria do Caos*. Segundo ele, todo caos tem um potencial de auto-organização que começa a atuar quando nos abrimos para a sensação de *saber sem saber*, permitindo-nos assim novas possibilidades. Viajar nos aproxima dessa experiência, pois a mente se torna flexível e expansiva. Despertamos um novo interesse pela vida.

Para sair do caos, diz ele, devemos primeiro olhar para a confusão sem uma atitude crítica, isto é, sem cair nos extremos de achar o caos ruim ou de idealizá-lo como bom. Nesta viagem com certeza teremos muitas oportunidades para treinar essa sabedoria.

Hoje à noite Lama Michel reuniu o grupo para explicar mais detalhes da viagem. Amanhã ainda teremos mais um dia livre em Katmandu, e dia 8 partiremos bem cedinho para Lhasa, a capital do Tibete.

Lama Michel começou a reunião dizendo-nos: "Eu sei que nós gostamos de mudanças, mas desta vez precisamos fixar alguns pontos porque, para entrar no Tibete, precisamos seguir certas regras. Os vistos são aprovados de acordo com o programa; por isso temos de seguir o grupo o tempo todo".

O turismo num país sob regime comunista deve sempre seguir certas regras. Por exemplo, apesar de termos um ônibus só para o grupo, devemos saber que é proibido aos ocidentais andar em qualquer carro que não contenha um adesivo escrito *Tibetan Tour*. Devemos pagar para fotografar e filmar nos monastérios conforme o valor estipulado, ou não fotografar quando houver proibição estrita. Conforme solicitado pelas autoridades,

Lama Michel e duas monjas alemãs do grupo terão de se vestir com roupas ocidentais em algumas situações.

Para finalizar, Lama Michel disse uma frase que, para mim, foi o ensinamento do dia: "Não temos de nos preocupar, apenas ser cuidadosos".

Tashi Delek!

LHASA,
8 DE AGOSTO DE 2000.

Levamos muitas horas para conseguir pegar o avião no aeroporto de Katmandu, e, depois de apenas cinqüenta minutos de vôo, mais outras tantas horas para sair do aeroporto de Lhasa: vistos, filas, burocracias, controles em geral, que demandam tempo e paciência.
Enquanto isso, aproveitamos para ir conhecendo as pessoas novas do grupo e reencontrar os velhos amigos. Quando viajamos, precisamos muito mais "declaradamente" ajudar um ao outro, o que facilita uma aproximação mais rápida e profunda.
O Tibete é o país mais vasto da Terra numa superfície tão elevada. Sua altitude média é de 4.000 metros. Algumas pessoas tiveram enjôos, dores de cabeça e vomitaram devido à altitude.

Na região sul do país está a cordilheira do Himalaia: 2.400 quilômetros de montanhas altíssimas, como o Everest, com 8.848 metros de altura. Quando estive no Tibete há três anos, também em agosto, pude filmar da janela do avião a vista da cordilheira toda nevada. Desta vez fiquei surpresa de não ter visto nenhuma neve. Agora é verão. Faz calor de dia e frio à noite, em torno de 15 graus.

O Tibete foi um país isolado do mundo até 1985. Lhasa era conhecida como "a cidade proibida". Por causa do difícil acesso, até pouco tempo atrás levava-se dois meses para ir das fronteiras do país a Lhasa. Não existiam estradas em boas condições, e muitas das passagens pelas montanhas ficavam bloqueadas com neve durante um longo período do ano. Um outro motivo para esse isolamento era o fato de que grande parte da população tibetana dedicava-se à prática da meditação e, portanto, não estava voltada para as questões externas aos monastérios.

É interessante notar que nos dias de hoje, num período em que a cultura tibetana tem sido amplamente divulgada no Ocidente, muitos de nós, ao entrar em contato com os hábitos e as crenças desse país, sentimos uma profunda conexão com ele. Eu mesma, quando mostrava as fotos e contava sobre o que tinha aprendido dessa cultura, ouvi muitas vezes: "Sinto uma ligação tão forte com o Tibete, acho que já vivi lá em outra vida".

Uma vez perguntei a Gangchen Rimpoche se todas as pessoas que diziam isso tinham de fato vivido no Tibete. Rimpoche respondeu: "Durante quase mil anos, os Lamas e monges passaram suas vidas meditando, acumulando grande quantidade de energia positiva. O Tibete tornou-se assim uma espécie de 'bomba atômica' de energia positiva, com um núcleo positivo. Ao finalizar cada meditação, eles dedicavam suas preces e méritos à paz no mundo, embora nunca tivessem contato direto com outros povos. Dessa forma, apesar de estarem fisicamente isolados, os tibetanos se conectaram indiretamente com a humanidade por muitos séculos. Com a saída dos Lamas do Tibete, essa 'bomba positiva' explodiu, proporcionando um contato direto entre eles e todos os seres para quem rezavam".

Então perguntei: "E por que alguns sentem mais conexão do que outros?". E ele respondeu: "As pessoas que se sentem mais conectadas são as que vieram acumulando o mesmo tipo de energia, dedicando aos outros sua prática espiritual".

Quando dedicamos nossa energia, nós a multiplicamos. Por exemplo, quando bebemos um pouco de água abençoada, recebemos seus benefícios. Se jogamos essa água sagrada no oceano, todos os seres que tiverem contato com ela são beneficiados. Com a dedicação, ocorre o mesmo. Estamos compartilhando a energia positiva gerada pela intenção e pela concentração com que realizamos a meditação.

A explosão dessa "bomba positiva" também possibilitou a entrada dos ocidentais no Tibete. Desde que o Tibete foi aberto para a visita de estrangeiros em 1985, o Nepal, um de seus países vizinhos, se tornou uma de suas principais portas de entrada. Em Katmandu encontram-se diversas agências de viagens que organizam *trekkings* e caminhadas nas montanhas tibetanas.

Hoje o Tibete pertence à China, que, até o momento, tem quatro regiões de autonomia nacional: a região autônoma do Tibete, da Mongólia Interior, de Ningxia e de Guangxi. A região autônoma do Tibete se estabeleceu oficialmente em setembro de 1965; os preparativos para a sua fundação, no entanto, iniciaram-se em abril de 1956.

Para visitar o Tibete, o estrangeiro precisa de uma autorização do The Tourist Bureau of Tibet Autonomous Region, que tem seus escritórios na China. O telefone para contato é 0086-8916834313, e o número do fax é 86-891-8634632. Em geral só se consegue uma autorização em grupo. Portanto, é mais fácil procurar uma agência que organize viagens ao Tibete. Como o turismo é controlado, a autorização requer um roteiro predeterminado, contendo as datas de entrada e saída do país, reservas de hotéis e programações de atividades.

O percurso Katmandu–Lhasa pode ser feito de avião ou de ônibus. Adriana, uma companheira de muitas viagens, já fez essa viagem de ônibus. Foram dois dias de muita emoção em estradas de terra sinuosas e bastante perigosas. "O motorista era um mestre na arte de dirigir", disse ela. Descia as estreitas estradas de terra nos abismos íngremes do Himalaia como numa montanha-russa.

Há três anos, eu também viajei de ônibus no Tibete por estradas perigosas. A paisagem era maravilhosa! Tanto em minha viagem como na de Adriana, os ônibus paravam a cada duas horas e o motorista jogava água nos freios para esfriá-los. Nós duas concordamos que só mesmo se concentrando numa paisagem muito maravilhosa era possível aliviar a tensão de viajar por estradas tão precárias. Por isso aqui vai nossa "dica": se você quer viajar de ônibus no Tibete, esqueça os padrões ocidentais de segurança e, enquanto relaxa contemplando a paisagem, faça todas as rezas que conhece. Agora vocês entendem por que viajar no Tibete logo se torna uma experiência de conexão espontânea com sua fé!

Adriana me contou mais: para atravessar a fronteira com o Nepal é preciso esperar várias horas e, além disso, ter um bom preparo físico, pois cada um terá de carregar sua bagagem por um longo trecho, que é feito a pé. Como o ônibus e o motorista não podem sair do país, na fronteira, os passageiros têm de descer com as malas e aguardar *até* serem atendidos pelos oficiais que autorizam sua saída. Depois de serem liberados, devem atravessar a fronteira a pé com a bagagem por mais de meia hora *até* chegar ao local onde está o próximo ônibus.

Há mais de 70 milhões de anos, o Tibete era coberto por um oceano! Encontrei uma lenda sobre a origem do Tibete ligada ao desaparecimento desse oceano conhecido por Mar Téti. Quando a água do oceano secou, um macaco e uma mulher-monstra passaram a ser os únicos habitantes desse imenso espaço. O macaco era uma "emanação do Buddha da Compaixão Infinita", Tchenrezig, um ser pacífico e pensativo que vivia meditando sozinho numa gruta. Já a monstra, irada e terrível, gostava de comer carne humana e tinha um insaciável apetite sexual. Sozinha naquele vasto espaço, ela chorava e gritava, reclamando pela companhia de um homem.

Ao ouvir seu choro, o macaco foi tomado de compaixão e, com a motivação de ajudá-la, foi ao seu encontro. Passaram a viver juntos e, com o tempo, tiveram seis filhos: os primeiros tibetanos, que se assemelhavam mais aos humanos que aos macacos. Eles continuaram a se multiplicar. Alguns herdaram o caráter cruel e irado da mãe, e outros, o caráter generoso e compassivo do pai. Aos poucos, deixaram de viver nas grutas e, gradualmente, povoaram o Tibete.

Acredito que esse mito serve para todos nós, seres humanos. Afinal, todos nós temos um potencial compassivo que precisamos desenvolver para dominar essa porção mulher-monstra: nossas emoções carregadas de carência e abandono. Quando nossa auto-estima está baixa, a mulher-monstra domina o vasto espaço de nosso mundo interno, e nos sentimos como ela, gritando sem saída.

Essa lenda nos lembra que existe uma gruta dentro de nós, um espaço oculto onde medita nossa porção macaco-compassivo, nosso potencial de agir positivamente. Muitas vezes queremos tomar uma atitude positiva para sair de um sofrimento, mas não conseguimos porque estamos atolados numa posição de vítima. No Budismo, o antídoto para essa posição é desenvolver uma visão direta sobre o sofrimento, sem julgá-lo justo ou injusto. Assim, ao ter uma aceitação incondicional da situação, reconhecemos que só nós podemos fazer algo por nós mesmos. E finalmente despertamos a autocompaixão: uma vontade autêntica e profunda de mudar.

O Budismo não é uma religião, mas um modo de vida. Não é um conhecimento dogmático que temos de aceitar com uma fé cega, mas um sistema de autocura e auto-realização relativa e absoluta baseado nos ensinamentos de Buddha Shakyamuni. Esses ensinamentos foram transmitidos há 2.500 anos e mantidos graças à tradição de seus praticantes.

O Budismo surgiu como um desenvolvimento do Hinduísmo, no século VI a.C. Nessa mesma época, originou-se também a partir do Hinduísmo um outro movimento religioso, o Jainismo, que se sobrepôs ao Budismo. Até os dias de hoje, o Jainismo ocupa um importante espaço na Índia. Assim, desde seu início, o Budismo sofreu sérias perseguições, tendo se espalhado por muitos países: China, Tibete, Coréia, Japão, Mianmá (antiga Burma), Tailândia, Camboja, Laos, Vietnã e Ceilão.

Buddha Shakyamuni foi um príncipe chamado Siddharta Gautama. Quando ele nasceu, os astrólogos previram que se tornaria um grande imperador ou um grande líder espiritual. Seu pai, para evitar que ele um dia visse o sofrimento e quisesse deixar a vida no palácio, procurou cercá-lo de todos os prazeres. No entanto, aos 29 anos, o príncipe Siddharta saiu do palácio e entrou em contato com os quatro grandes sofrimentos da vida: o nascimento, o envelhecimento, a doença e a morte. Ele ficou tão abalado que decidiu abandonar a vida que levava com o objetivo de compreender e eliminar as causas desses sofrimentos.

Inicialmente, ele seguiu um sábio que ensinava sobre a Grande Renúncia, buscando um estado de abolição de todas as sensações. Em uma floresta, ele encontrou um grupo de iogues vedanta e começou a praticar o ascetismo com eles.

Depois de seis anos, não satisfeito com o ascetismo, Siddharta começou a cuidar de seu corpo. Ele estava buscando assim um outro método, algo que lhe ajudasse não apenas a se libertar do sofrimento, mas a se identificar positivamente com a realidade última.

Sentou-se então sob uma figueira, jurando não se levantar até chegar à Iluminação. Enfrentando os últimos desafios de sua mente, meditou sobre o contentamento e a impermanência, superando assim o apego. Siddharta atingiu a Iluminação total sob a figueira e entrou em meditação por sete dias. Depois disso, transmitiu seus primeiros ensinamentos: as Quatro Nobres Verdades.

As Quatro Nobres Verdades são:
1. O sofrimento existe.
2. O sofrimento tem suas causas: a grande ignorância que percebe a realidade como permanente e as coisas

como existindo por si mesmas, o que, por sua vez, cria três sofrimentos que permeiam todas as nossas ações: o apego, a raiva e a ignorância.

3. É possível eliminar as causas do sofrimento desenvolvendo um profundo desejo de superar essa visão errônea da realidade.

4. O caminho para eliminar o sofrimento é o desenvolvimento das Seis Perfeições: a generosidade, a paciência, a moralidade, o esforço entusiástico, a concentração e a sabedoria.

O Budismo propõe que meditemos sobre as Quatro Nobres Verdades para sairmos do sofrimento, com o propósito de assim ter condições de inspirar os outros a fazer o mesmo.

São palavras de Lama Gangchen Rimpoche encontradas em seu livro *NgelSo Autocura III*: "A sabedoria de Shakyamuni criou métodos curativos específicos, energéticos, kármicos e mentais, para todas as situações difíceis, desde um problema em nosso dia-a-dia até nosso desejo de chegar à experiência de paz e alegria eternas nos mundos externo e interno. Os métodos de cura de Shakyamuni trabalham na mente no nível sutil e no nível absoluto de energia. Se pudermos integrá-los com os métodos de cura modernos da ciência, tecnologia e medicina, criando assim um novo Veículo de Sabedoria, aprenderemos a cuidar dos níveis relativo e absoluto e desenvolveremos a habilidade de nos curar, curar os outros, nossa sociedade e o planeta, com muito mais facilidade do que em qualquer outra época".

O Budismo chegou ao Tibete durante o reinado de Songtsen Gampo, por volta de 641 d.C., cerca de mil anos após a morte de seu fundador, Siddharta Gautama – o

Buddha histórico. Tendo conhecido o Budismo por intermédio de suas esposas budistas, uma princesa nepalesa e outra chinesa, ele se dedicou a trazê-lo para o seu país. Sua influência foi marcante no desenvolvimento do Tibete como um todo.

A implantação do Budismo seguiu, no entanto, um processo lento e gradual, freqüentemente interrompido devido à resistência por parte da religião até então predominante. Essa religião, que se chamava Bön, era uma prática de fortes características xamanísticas envolvendo rituais mágicos com sacrifícios cruéis.

Em meados do século IX, um rei chamado Langdarma tomou o partido dos Böns e eliminou oficialmente o Budismo no Tibete. Os ensinamentos de Buddha, porém, sobreviveram clandestinamente graças a Padmasambhava, o monge budista indiano que construiu o Monastério de Samye, a 80 quilômetros de Lhasa. Com Padmasambhava fundou-se a primeira escola budista, os Nyingmapas ou "dos gorros vermelhos".

No final do século X, o Budismo voltou a surgir no Tibete graças ao rei Gu-ge Yeshe Ö, sucessor de Langdarma, que convidou o hindu Atisha (982-1055) para vir ao seu país. A história de como ele conseguiu que esse famoso Pandita indiano viesse para o Tibete é um belo exemplo de determinação.

Com o propósito de convidar Atisha para ensinar em seu país, o rei Gu-ge Yeshe Ö decidiu sair a procura de uma quantidade de ouro suficiente para isso. Durante sua viagem foi preso por um outro rei, que pediu como resgate seu peso em ouro. O sobrinho de Yeshe Ö logo veio soltá-lo trazendo o resgate pedido. Mas o rei se recusou a sair da prisão, pois achava que, devido à sua idade avançada, não iria viver por muito mais tempo. Ele disse ao sobrinho que aproveitasse o ouro do resgate para trazer Atisha para o Tibete.

A atitude não-vingativa do rei evidencia que ele já era um ser espiritualizado e que estava realmente decidido a trazer o Budismo para o Tibete. Graças ao seu comprometimento com esse objetivo, ele teve paciência para não revidar os maus-tratos que recebeu. Além de romper uma cadeia de reações negativas, criou com sua atitude altruísta as condições para realizar o seu sonho.

Dessa forma Atisha foi trazido para o Tibete. Além de ter sido um erudito versado nas escrituras, era também um iogue tântrico iniciado nos sistemas esotéricos. Quando chegou ao Tibete em 1042, Atisha encontrou o país entregue à anarquia espiritual, e logo percebeu que só o ensinamento rigoroso do Dharma poderia canalizar as divagações místicas e as superstições populares. Atisha escreveu o primeiro texto do *Lam Rim*, que descreve as etapas do caminho gradual para a Iluminação, e estabeleceu as bases da tradição Kadampa. Trezentos anos depois, com os ensinamentos de Lama Tsong Khapa, da tradição Kadampa, se originou a linhagem "dos gorros amarelos", chamada Guelupa. Essa é a linhagem budista à qual nosso grupo pertence. O Budismo Tibetano compreende quatro grandes linhagens. Leia mais sobre elas no glossário.

No caminho do aeroporto a Lhasa, visitamos dois lugares que marcaram esse momento da volta do Budismo no Tibete: o templo de Nyetang Drolma e o Buddha Nyetang, pintado sobre uma rocha.

O templo de Nyetang Drolma é muito importante para os peregrinos, pois nele Atisha viveu os últimos anos de sua vida. Nesse templo, há duas estátuas importantes: uma de Buddha Maitreya e outra da divindade Tara. A estátua de Buddha Maitreya é da época em que o Budismo foi banido do Tibete. Lama Michel, traduzindo um monge residente, contou que essa estátua teria feito predições sobre a volta do Budismo quando Langdarma faleceu.

A estátua de Tara pertenceu a Atisha. Portanto, é considerada pelos peregrinos uma relíquia importante. Tara é a manifestação da energia feminina de Buddha, um arquétipo da sabedoria compassiva ilimitada que está presente na mente de todos nós de forma latente. Quando ele se torna manifesto por meio do despertar de sua energia, adquirimos capacidade para agir velozmente e levar cada coisa ao seu lugar.

Como os monges do templo já conheciam Lama Michel, abriram as portas que protegem essa estátua para que pudéssemos contemplá-la e receber suas bênçãos. Enquanto isso recitávamos o mantra de Tara, *om tare tuttare ture soha*, com a intenção de despertar em nossa mente uma vibração pacífica que, ao mesmo tempo, nos leva à ação.

No Budismo, receber bênçãos quer dizer "abrir-nos para uma transformação da mente", isto é, de um estado de fraqueza para um estado de força, por meio da inspiração dos seres sagrados.

Durante todos esses séculos depois que Atisha viveu, muitos outros meditadores fizeram o mantra de Tara durante longos períodos nesse templo, gerando energia positiva e abençoando assim o local. Quando nós o recitamos com a mesma intenção de gerar uma mente positiva, conectamo-nos com essa energia de Tara, como uma bênção muito especial.

Ao contemplar a estátua muitos de nós não conseguiram conter as lágrimas. Eu particularmente, como uma boa pisciana, quando me sinto sensível choro com muita facilidade. E sendo *expert* em deixar as lágrimas rolarem, já percebo a diferença entre um choro emocional e um choro que expressa simplesmente o fato de algo profundo ter sido tocado em meu mundo interior. Esse segundo tipo de choro não vem acompanhado de um discurso interno; ele não é mental. Simplesmente se sente que é autêntico, e pronto. Talvez seja algo semelhante à sensação que descrevi ontem de *saber sem saber*, característica de quando nos abrimos para uma nova possibilidade.

Como resultado dessa experiência, sentimo-nos profundamente conectados àquele lugar e muito agradecidos pela oportunidade de estar lá.

Nesta vida, freqüentemente sentimos falta de algo muito sutil, algo que não é intelectual. Até mesmo nas situações privilegiadas, em que pensamos estar satisfeitos, logo surge esse sentimento sutil de que algo nos falta. Temos então a prova de que a vida material não é suficiente, e saímos em busca de algo mais espiritual. Como diz Lama Gangchen, esse *algo* que nos falta é tocar nosso próprio potencial de paz.

Apesar de termos esse potencial de paz o tempo todo em nosso interior, precisamos de ajuda, de inspiração, para despertá-lo. É por isso que recitamos o mantra de Tara. Outras vezes, chegamos até a confundir a sensação de paz com ficar sonhando "com um mundo melhor", o que tem o lado bom de nos trazer inspiração e esperança. Mas precisamos nos arriscar e colocar os nossos planos em ação. É aí que a energia particular de Tara pode nos ajudar: a despertar o nosso próprio potencial de realização.

**Katmandu,
6 de agosto de 2000.**

1. Lama Gangchen Rimpoche e Bel.

2. Lama Gangchen Rimpoche com Tiziana Ciasulla, grande amiga.

Lhasa, 8 de agosto de 2000.

1. Lama Michel Rimpoche e Bel no aeroporto de Katmandu no dia da partida para Lhasa.

2 e 3. Vista aérea da chegada a Lhasa em 8 agosto de 2000.

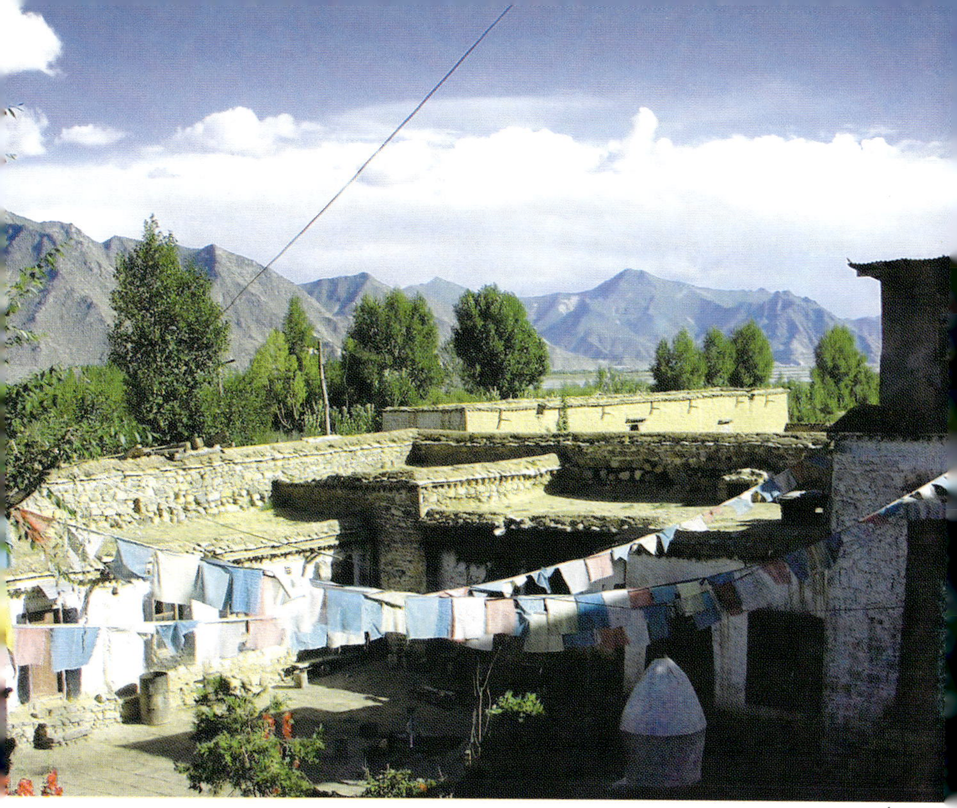

1

2

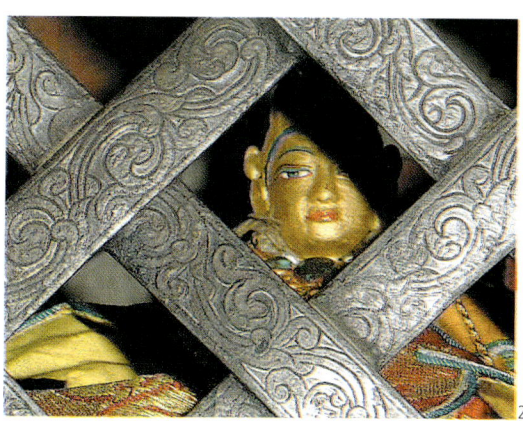

1. Templo Nyetang Drolma.

2. Estátua de Tara do século XI que pertenceu a Atisha.

1 e 2. Lama Michel lançando uma *kata* sobre o altar do templo de Nyetang Drolma.

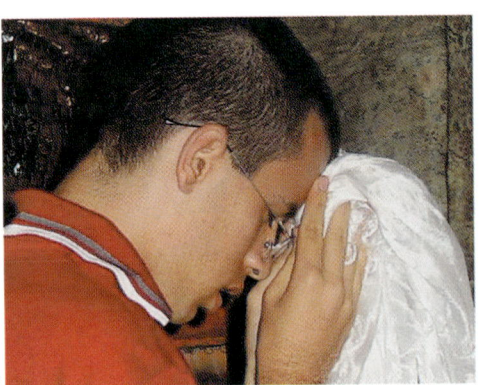

1 e 2. Buddha Nyetang, esculpido no século XI.

1

Lhasa, 9 de agosto de 2000.

1 e 2. Monastério de Ganden.

2

1 e 2. Lama Michel e Bel com crianças em Ganden.

1. Lama Tsong Khapa.

2. Monge de Ganden com o chapéu de Lama Tsong Khapa (séc. XIV) e o chinelo de Sonam Gyatso, o III Dalai-Lama (séc. XVI).

1. Vista das montanhas do Monastério de Ganden a 4.267 metros de altitude.

2. Divindade surgida espontaneamente na pedra.

3. Bandeiras de Oração.

Lhasa, 10 de agosto de 2000.

1 e 2. Monastério de Drepung.
3. Marcas da Revolução Cultural.

1. Divindade protetora.

2 e 3. Pinturas da Sala dos Protetores de Drepung.

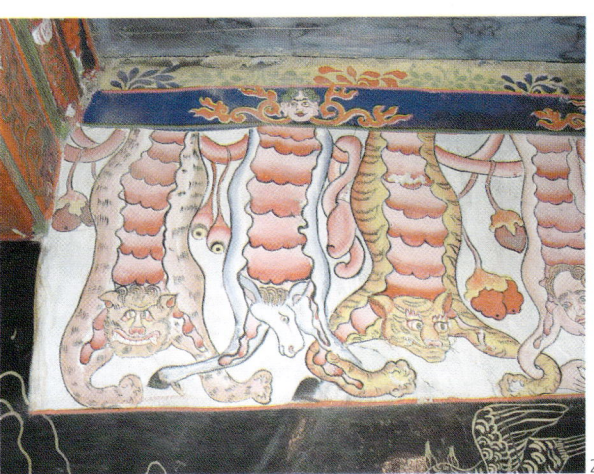

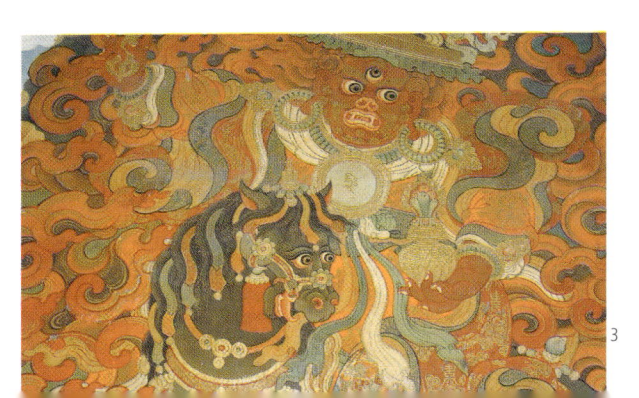

1. *Gompa*, sala de meditação, com as "Bandeiras da Vitória" ao centro.
2. Roupas do Rei Songtsen Gampo no Monastério de Drepung.
3. *Tanka* de Tara Branca.

1. Monge fazendo prostrações.
2. Peregrinos fazendo oferenda de luz.
3. Avalokitesvara de Mil Braços.

1. Estátua de Maitreya.

2. Estátua de Maitreya e espelho "mágico".

3. Monge segurando a concha com água abençoada.

1. Monastério de Jokhang.
2. Monjas com Rodas de Oração.
3. Oferendas de luzes em Jokhang.

1. Pedras *dzi* na coroa da estátua Jowo.

2. Pássaro Mítico Garuda sobre a coroa de Jowo.

3. Estátua Jowo Shakyamuni em Jokhang.

Quando chegamos ao aeroporto, cada um de nós recebeu de nosso guia uma *kata,* como um gesto de boas-vindas. Uma *kata* é uma echarpe de seda branca, macia e com longas franjas. *Kata* significa literalmente "tecido que une" e simboliza o laço que se estabelece entre quem a oferece e quem a recebe.

No Tibete, costuma-se oferecer uma *kata* em várias circunstâncias: nos encontros e nas despedidas de mestres e amigos, assim como durante as cerimônias religiosas. Colocam-se também *katas* nos altares e ao redor das imagens. Uma vez em frente à preciosa estátua de Tara, cada um fez seu pedido em silêncio e depois lançou sua *kata* sobre o altar. Se a *kata* fica presa na altura do coração ou da cabeça da estátua, isso é visto como um sinal de bons auspícios.

Por fim, ao percorrermos a estrada ao longo do Rio Kyi Chu, paramos mais um pouco para contemplar uma escultura de 14 metros de altura cravada e pintada na rocha, datada do século XI: uma prova de que o Budismo havia retornado ao Tibete. Conhecida por Buddha Nyetang, essa é uma imagem de Buddha Shakyamuni em postura de meditação, tocando o solo com a mão direita. Não havendo ninguém por perto para atestar o momento em que atingiu a Iluminação, Buddha Shakyamuni tocou então o solo da Terra, reconhecendo-o como sua testemunha. Uma vez por ano a pintura é toda retocada.

Estou muito feliz por estar aqui. Amanhã vamos passar o dia visitando o Monastério de Ganden, que fica a 45 quilômetros de Lhasa.

Tashi Delek!

Lhasa, 9 de agosto de 2000.

O programa que estamos seguindo foi preparado por Lama Gangchen Rimpoche, que está agora em Shigatse, a segunda maior cidade do Tibete. Já nos falamos por telefone; tudo está correndo bem para os preparativos da inauguração do monastério. Hoje Lama Michel e as duas monjas alemãs já voltaram a usar suas roupas monásticas.

Fomos visitar o Monastério de Ganden. A 45 quilômetros a leste de Lhasa, subimos as montanhas até chegar ao monastério. A vista é realmente uma experiência de muito espaço, que nos traz ânimo e vontade de subir mais, para enxergar mais e mais longe.

No Tibete os monastérios são como vilarejos. Autônomos, sempre foram livres dos impostos, por serem considerados locais de estudo. Conta-se que em 1663 foi realizado um censo que constatou a existência de 1.800 monastérios no país, onde viviam cem mil monges e monjas. Nos primeiros séculos de existência Ganden chegou a ter 4 mil monges. No pátio, havia uma enorme panela de ferro, de quase 3 metros de diâmetro, que era usada na época para preparar sua comida. Atualmente, lá moram quatrocentos monges. A maioria deles não se encontrava neste dia, pois estava visitando a família depois de um retiro intenso de um mês.

Ganden quer dizer em tibetano "A Terra Pura de Tushita". A Terra Pura talvez possa ser comparada à idéia que temos de um paraíso no céu. Buddha Shakyamuni, o Buddha histórico, estava na Terra Pura de Tushita antes de tomar a decisão de renascer como ser humano. É dito que agora Buddha Maitreya, o Buddha do futuro, encontra-se nesse paraíso aguardando o momento de renascer como ser humano.

Ganden foi fundado em 1409 por Lama Tsong Khapa, trezentos anos depois do templo de Nyetang Drolma, que visitamos ontem.

Lama Tsong Khapa foi um grande mestre tibetano, considerado uma emanação do Buddha da Sabedoria, Manjushri. Ele viveu de 1357 a 1419 e foi o maior reformador do Budismo Tibetano, tendo fundado a escola Guelupa no início do século XV. Para o nosso grupo, visitar esse monastério é particularmente importante, pois lá estão plantadas as sementes do conhecimento que hoje colhemos e colocamos em prática. O Monastério de Ganden é o primeiro da linhagem Guelupa.

Lama Tsong Khapa nasceu em uma família de nômades. Percebendo que ele tinha qualidades espirituais elevadas, sua família o colocou aos três anos num monastério. Aos sete anos, ele recebeu os votos de monge. Durante a maior parte de sua vida, ele viajou por todo o Tibete, estudando com mestres de diferentes tradições, concentrando-se tanto nos estudos filosóficos quanto nas práticas de meditação tântrica.

Tendo em vista o desenvolvimento espiritual, Lama Tsong Khapa era a favor do reconhecimento da doutrina e da ética do Budismo Tibetano. Seu texto mais importante chama-se *Lam Rim Tchenmo*, ou *O caminho gradual para a Iluminação*. É um verdadeiro "manual" a ser seguido passo a passo para se atingir a Iluminação. Todos os praticantes da escola Guelupa estudam esse texto até hoje.

Lama Tsong Khapa atingiu a Iluminação praticando a meditação de Guyasamadja, na qual transformou seu "corpo comum" num "corpo ilusório", ou seja, num corpo extremamente puro e sutil que só pode ser obtido por meio de práticas de meditação muito elevadas do Ioga Tantra Superior. Esse corpo pode funcionar independentemente do nosso corpo grosseiro. As montanhas desse monastério são consideradas o mandala de Guyasamadja, devido às visualizações desse mandala feitas por Lama Tsong Khapa durante as meditações.

Lama Gangchen Rimpoche nos ensinou uma meditação baseada nessa mesma meditação de Guyasamadja, e à qual deu o nome de "Automassagem de Cristal". Com ela aprendemos a purificar, estimular e estabilizar 32 pontos sagrados de nosso corpo por meio de uma massagem energética e sutil, baseada na recitação de mantras e na visualização de cores. Dessa forma, Lama Gangchen está nos dando a possibilidade de praticar métodos de meditação muito antigos e potentes, de uma maneira acessível a nós, ocidentais.

Com Lama Tsong Khapa, criou-se o sistema de reconhecimento das reencarnações dos mestres, que passaram a ser chamados de Tulkus. Essa é uma forma de garantir a linhagem dos ensinamentos. Desde então, quando um mestre importante falece, seus discípulos dedicam-se a encontrar sua reencarnação, usando para isso métodos diversos. Pude conhecer alguns deles quando reconheceram meu filho Michel como a reencarnação de Drupchog Gyalwa Samdrup, um Lama que viveu no Monastério de Gangchen. Esse é o monastério que nos trouxe a esta viagem para o Tibete: viemos para participar da inauguração de sua reconstrução. Os tibetanos são os únicos budistas que possuem a tradição de buscar seus mestres reencarnados. Em Ganden os abades não eram ainda selecionados dessa forma, mas sim por meio de seus conhecimentos.

Em um dos templos, um monge nos abençoou tocando nossa cabeça e nossas costas com o chinelo de Sonam Gyatso, o III Dalai-Lama, e o chapéu de Lama Tsong Khapa. Era divertido ver que em alguns ele tocava com força e, em outros, seu toque era suave.

Sonam Gyatso (1543-88) viveu quase duzentos anos depois de Lama Tsong Khapa. Foi ele o primeiro a receber o título de Dalai-Lama dado por um imperador mongol, em 1578. Teve início a linhagem dos Dalai-Lamas, a mesma linhagem do XIV Dalai-Lama, conhecido hoje mundialmente. Os títulos de I e II Dalai-Lamas foram conferidos às duas encarnações prévias de Sonam Gyatso, os primeiros líderes da linhagem Guelupa. Portanto, Sonam Gyatso, apesar de ter sido o primeiro a receber esse título, foi chamado de o III Dalai-Lama.

Tendo essas referências, podemos compreender a importância dessa bênção com o chapéu de Lama Tsong

Khapa e o chinelo de Sonam Gyatso. O chapéu representa "aquele que encabeça", e o chinelo, o que deu início a uma nova trilha. Juntos, eles evidenciam a força de uma linhagem ininterrupta.

Em Ganden está a *stupa* que contém as relíquias e os restos funerários de Lama Tsong Khapa. Uma *stupa*, ou *Chörten* em tibetano, é um santuário considerado um símbolo da mente de um Buddha. Quando visitamos uma *stupa*, fazemos oferendas de velas, incensos e doações. Os praticantes costumam fazer também prostrações e circumbular a *stupa*, isto é, andar em torno dela no sentido horário, recitando mantras. Essa prática se chama *kora* em tibetano. Fazer *koras* possui vários objetivos, de acordo com o nível do praticante. Alguns desses objetivos são, por exemplo, o de acumular energia positiva, realizar purificações ou fazer meditações que levam o praticante a um nível mais elevado de consciência.

No final da tarde fizemos uma longa *kora* ao redor de toda a montanha onde está o monastério. Uma caminhada de quase uma hora que os monges, mesmo os idosos, fazem todos os dias. Não é apenas um lindo passeio a 4.267 metros de altitude, mas uma prática para acumular energia positiva, pois estamos percorrendo o interior do mandala de Guyasamadja. Um mandala é a moradia de uma divindade, portanto um espaço sagrado.

Não é muito simples descrever esses lugares, pois neles estão informações que a nossa mente racional resiste a acreditar. Por exemplo, em algumas rochas há formas de divindades e mantras que surgiram espontaneamente há alguns séculos! Uma vez Lama Gangchen Rimpoche nos disse: "Não quero mostrar crenças, mas experiências". Por isso, acredito que seja mais importante se abrir para contemplar os mantras nas pedras do que ficar indagando sua veracidade.

Pelo caminho, encontramos inúmeros amontoados de pequenas pedras em forma piramidal criados pelos monges. São como casinhas que eles constroem para abrigar a mente quando ela deixa o corpo após a morte. Dessa forma, eles acreditam que renascerão nesse local, que é considerado a Terra Pura de Tushita. Existem muitas práticas do Budismo que nos conectam com a Terra Pura. Aliás, o monge nos mostrou também uma pedra onde um Lama teria "pousado", vindo diretamente da Terra Pura de Tushita, que dá nome ao monastério. Apesar de o meu lado racional não ser capaz de assimilar tal idéia, coloquei eu também uma pedrinha no monte, pois, se há algo de que tenho certeza, é que é nesta vida que me preparo para a próxima.

Segundo Lama Gangchen, não existem milagres, e sim o equilíbrio dos cinco elementos. Uma vez, quando lhe perguntamos como ele explicava esses fenômenos "miraculosos", ele respondeu: "Não existem milagres. Chamamos algo de milagre quando não compreendemos como aquilo acontece. Por exemplo, um índio ao ver um avião levantando vôo pode achar aquilo um milagre, pois ele não é capaz de entender como isso pode ser feito. Mas, depois que compreendemos e aprendemos a fazer as coisas, elas deixar de ser fantásticas e irreais para nós".

Isso me fez pensar o quanto ainda precisamos aprender sobre a natureza dos fenômenos. Se não fizermos isso, permaneceremos sempre presos em nossa mente limitada, que chama de "fantástico" tudo aquilo que não compreende.

O Budismo nos ensina muito sobre os elementos, em um nível grosseiro, sutil e muito sutil. Se olharmos esses fenômenos apenas do ponto de vista grosseiro, eles serão sempre "fantásticos" para nós. Se queremos ver além do grosseiro, precisamos nos tornar cientistas internos, para constatar essas realidades sutis por intermédio de nossa própria experiência.

Testemunhando exemplos "fantásticos" de fenômenos que não estamos acostumados a ver, temos uma oportunidade para trabalhar nossos preconceitos. Não estamos destinados a ficar presos a eles. Podemos aprender a ver além do imediato.

Uma vez Rimpoche nos explicou que em tibetano existem termos específicos para classificar dois tipos de pessoas: as que acreditam só no que vêem, tipo "ver para crer", e as que possuem o olhar que vai além da visão concreta imediata. Ao nos explicar isso, ele disse: "há tanto espaço dentro do espaço". O que Rimpoche está nos proporcionando é aprender a ser como aqueles que vêem além do imediato.

Vimos também, entre duas rochas estreitas, uma terra vermelha e úmida que é usada para a cura de problemas no estômago. Com certeza, em outros lugares da Terra que ainda não estão poluídos existem terras com esse mesmo poder de cura.

O cheiro de menta vindo das plantas me levou a confundir as folhas, e acabei tocando uma urtiga! Nunca tinha tido essa experiência. Coçou e ardeu ao mesmo tempo por mais de duas horas. Mas, apesar de estar doendo, eu estava tão interessada em tudo que ocorria dentro e fora de mim que pude perceber a dor como um fenômeno estranho. Quando estamos muito interessados em algo que não é a dor, não ficamos mobilizados por seu incômodo. Ela está lá, mas é como se estivesse em um segundo plano. Por isso, para superá-la de fato, é preciso estar conectado com algo que nos inspire além da dor...

Mais à frente, visitamos a casa onde Lama Tsong Khapa morou com seus discípulos antes que o monastério ficasse pronto. Dois desses discípulos fundaram mais dois monastérios nas vizinhanças de Lhasa: Drepung, em 1416, e Sera, em 1419.

No topo da montanha, estava uma *stupa* branca contendo suas relíquias e seus restos mortais, recolhidos de uma *stupa* precedente, já destruída.

É costume dos peregrinos tibetanos pendurar bandeirinhas impressas com preces no alto das montanhas, em pedras ou entre as árvores, para indicar que se trata de um lugar sagrado. Elas são brancas, amarelas, vermelhas, azuis e verdes, e feitas de um tecido que parece uma gaze. Vimos essas bandeirinhas em vários pontos das montanhas. Alguns deles marcavam os lugares onde Lama Tsong Khapa meditou.

Muitas vezes escrevemos pedidos ou nomes nas bandeirinhas de rezas, para que o vento possa levar nossos desejos junto com as preces para todas as direções. No calendário lunar tibetano, existem diversos dias considerados mais auspiciosos para pendurar essas bandeirinhas e fazer pedidos. Hoje é um deles, o dia dos Dakas, o décimo dia do ciclo lunar desse calendário. Os Dakas são como "anjos" que vêm para nos ajudar.

Essas bandeirinhas já ficaram conhecidas no Brasil, graças à nossa amiga Verenice, que soube reproduzi-las tão bem! Pendurá-las já se tornou um costume para os praticantes do Budismo em nosso Centro de Dharma da Paz em São Paulo.

O calendário lunar tibetano nos dá muitas informações sobre o fluxo de nossa energia sutil. Há alguns anos que comparo o nosso calendário solar com o calendário lunar tibetano. Eu e um amigo, Ricardo Baddouh, montamos uma pequena agenda unindo os dois calendários. Por exemplo, pelo calendário lunar tibetano podemos identificar o ciclo de nossa energia vital sutil, conhecida por "La".

A cada quinze dias, começando na lua nova, essa energia vital sutil percorre desde as pontas dos dedos do pé até o chakra da coroa. Esse ciclo se inicia pelo lado esquerdo no homem e pelo lado direito na mulher. Na lua cheia a energia atinge o seu ponto máximo, expande-se por todo o corpo e, depois, se dissolve, dando início a um novo ciclo.

Na agenda, descrevemos o ponto onde está a energia vital a cada dia, pois devemos evitar interferir na sua fluência e direção. Quando a energia está ascendente, esse local torna-se mais forte, e quando está descendente, mais frágil. Por isso, fazer cirurgias, massagens ou qualquer atividade que se concentre nesses pontos pode causar danos em nossa energia vital.

Devemos, por exemplo, evitar ir ao dentista no décimo sétimo dia do calendário lunar, pois a energia sutil está concentrada na nuca, envolvendo toda a região do maxilar. Uma vez voltei exausta do dentista e, olhando o calendário, constatei que era exatamente esse dia. Outra vez, após uma meditação, estalei os dedos no chão e simplesmente quebrei a falange do dedinho! Ao pesquisar a energia vital, vi que ela estava no vigésimo terceiro dia, quando o fluxo é descendente e encontra-se na segunda junta dos dedos da mão, exatamente onde a falange havia se rompido. Gangchen Rimpoche nos estimula a pesquisar esses fenômenos como cientistas. Assim, depois dessas experiências resolvi montar essa agenda. Aliás, tanto as bandeirinhas como a agenda vocês encontram no Centro de Dharma.

Tashi Delek!

LHASA, 10 DE AGOSTO DE 2000.

De acordo com nossa rota, que segue a história de Lama Tsong Khapa, fomos visitar o Monastério de Drepung, fundado por um de seus discípulos. Esse monastério fica a aproximadamente 8 quilômetros a oeste de Lhasa. *Drepung* significa "um montão de arroz". Esse termo tem sua origem no nome de uma *stupa* na Índia, onde Buddha Shakyamuni deu seus primeiros ensinamentos sobre o Tantra.

Com as reformas de Lama Tsong Khapa, que resultaram na formação da linhagem Guelupa, as universidades monásticas se desenvolveram rapidamente. Os imperadores da Mongólia mantinham relações políticas e de ordem espiritual com os tibetanos havia alguns séculos. Em 1578 o imperador mongol Altan Khan tornou-se também um seguidor da escola Guelupa. Ele conferiu a Sonam Gyatso, o terceiro líder sucessor de Lama Tsong Khapa, o título de Dalai-Lama, dando início à linhagem teocrática dos Dalai-Lamas no Tibete.

Desde essa época até o final do século XIX, os Dalai-Lamas e os imperadores da China mantiveram relações pessoais recíprocas. Durante o governo do XIII Dalai-Lama, o Tibete começou a ampliar pela primeira vez suas relações internacionais e, desde então, foram desencadeados sucessivos conflitos políticos com a China. Esses conflitos tiveram como resultado a ocupação do território tibetano pela China em 1959, quando S. S. o XIV Dalai-Lama deixou o Tibete para exilar-se na Índia.

Em seu livro *O caminho para a liberdade*, o XIV Dalai-Lama comenta que, apesar de a destruição do Budismo na época dos conflitos com a China não ter sido tão grande como na época da perseguição feita pelo rei Langdarma, desta vez a perda pode ser irreversível. Na época do rei Langdarma, a tradição budista ainda estava em pleno florescimento na Índia e, por isso, pôde ser trazida novamente para o Tibete por Atisha. Nos dias de hoje, porém, cabe a nós, ocidentais, a responsabilidade de preservar esses ensinamentos tão preciosos para a paz mundial.

Drepung era particularmente famoso por seu ensino escolástico. Muitas construções localizadas atrás do mosteiro foram destruídas, e as marcas da Revolução Cultural Chinesa podem ser vistas em uma das paredes, onde se encontra pintado o rosto de Mao Tsé-tung.

Os Dalai-Lamas – do II ao V – residiram em Ganden Potrang, um palácio dentro do monastério. Eles foram sepultados em *stupas* também nesse monastério, com exceção do V Dalai-Lama, que já foi sepultado numa *stupa* do Palácio do Potala.

O período do V Dalai-Lama, durante o século XVII, foi o mais próspero. Foi ele quem deu início à construção do majestoso Palácio do Potala. Ele governou em Drepung até a construção do Potala ser terminada. Por essa razão, esse monastério teve grande importância, tanto religiosa como política. Drepung era como uma sede, que controlava outros monastérios no Tibete, na Mongólia, em Ladak e no Nepal.

Na época do V Dalai-Lama, durante o século XVII, esse monastério logo se tornou o maior de todos os monastérios Guelupa, chegando a ter 10 mil monges. Depois da ocupação chinesa do Tibete esse número diminuiu para quinhentos. Desde 1982, mais de quatrocentos monges têm vindo para esse monastério, com a intenção de reacender sua tradição de estudos.

Cada monastério tem o seu protetor principal. Os protetores são divindades que se comprometeram a ajudar os praticantes do Dharma. Sua função é proteger os ensinamentos e os praticantes para que não tenham interferências, podendo assim desenvolver-se em sua prática. As nossas experiências de vida são todas resultado de nosso karma. Podemos ter causas para experiências positivas, mas, se não existirem as condições para essas causas amadurecerem, não poderemos ter sua experiência. Um protetor do Dharma cria as condições para que as sementes positivas amadureçam. O protetor de Drepung é o mesmo do Monastério de Gangchen, Palden Lhamo, a única expressão feminina entre as divindades protetoras, que é também considerada a padroeira do Tibete.

Nas salas dos protetores podemos observar as estátuas e pinturas de manifestações iradas das divindades. São assustadoras: com os olhos arregalados e os dentes expostos, elas pisam sobre corpos humanos, cospem sangue, usam colares de caveiras, possuem olhos saltados e intestinos expostos. No entanto, cada imagem dessas representa um aspecto profundo do caminho tântrico. Por exemplo, uma pintura de esqueletos representa a vacuidade. Peles mortas caídas de elefantes, humanos e tigres simbolizam a destruição dos três venenos mentais: ignorância, apego e ódio. No panteão budista as divindades não são deuses, espíritos ou demônios; elas são arquétipos energéticos que representam nosso potencial para a Iluminação. Uma mesma divindade possui uma representação pacífica e uma irada. A manifestação irada é, em essência, a mesma energia da pacífica, mas sua expressão produz um efeito mais imediato e definitivo sobre quem a visualiza. Muitos de nossos defeitos mentais, como a raiva, são tão destrutivos que só podem ser subjugados com um método contundente, direto e veloz.

Entramos em vários *gompas*, que são templos ou salas de meditação. Num desses templos, vimos penduradas em várias colunas as roupas do famoso rei Songtsen Gampo, o responsável por trazer o Budismo para o Tibete no século VII. Eram roupas de um autêntico guerreiro de Shambala, um guerreiro espiritual.

Alguns *gompas* são enormes, outros menores; alguns têm paredes muito altas, de até 8 metros de altura, e, em geral, com janelas quase no teto. No centro estão algumas colunas paralelas, pintadas ou cobertas de tecidos como as "bandeiras da vitória", feitas de vários pedaços de brocado colorido. As cores são distribuídas de tal forma que uma ressalta a outra. O branco ao lado do azul, o vermelho ao lado do verde, o amarelo ao lado do azul ou do vermelho e assim por diante. Uma vez perguntei a Rimpoche por que essa era a bandeira da vitória, e ele apontou para as cores, dizendo: 'Porque aqui todas as cores venceram, uma ajuda a outra a mostrar o que tem de melhor. A verdadeira vitória só existe quando todos vencem".

Em algumas colunas também se encontram estátuas e *tankas*. *Tanka* quer dizer literalmente "algo que se enrola". É uma pintura sobre tecido, emoldurada em um brocado de seda com ripas de madeira nas extremidades. Essas ripas servem para que as *tankas* possam ser enroladas e facilmente transportadas. A confecção de uma *tanka* é em si um ato de meditação, pois nelas são pintadas apenas símbolos sagrados, como as divindades e seus mandalas. Tudo é muito colorido. A cor bordô-avermelhada predomina no ambiente. Bem no meio da sala encontra-se um pára-sol amarelo: um cilindro feito com várias camadas de tecido amarelo, representando a soberania religiosa.

Os monges sentam-se em almofadas enfileiradas verticalmente na direção do altar, onde se encontram as estátuas com as oferendas. Em frente do altar, no centro, está o trono principal do Lama detentor da linhagem do monastério. Quando o Lama não está presente, coloca-se sua fotografia e sua capa de meditação em seu lugar. Outros dois tronos, para convidados especiais, ficam à direita e à esquerda do trono principal, ou no início das fileiras dos monges. Na frente dos primeiros lugares dessas fileiras encontram-se mesinhas com os implementos para a meditação: o *dordje* (cetro), o sino, o *mala* (rosário) e as *sadhanas* (textos sagrados). Existem muitos outros implementos, conforme a meditação. É possível saber quantos monges freqüentam um *gompa* contando o número de mantos que eles deixam, cada um em seu lugar, depois que saem. Em geral, havia sempre muitos mantos, um sinal de vida nas salas de meditação.

Outro sinal de vida nessas antigas salas eram os tibetanos peregrinos que entravam nos *gompas* com a gente: mulheres com crianças nas costas, pessoas de todas as idades... Mas nunca em grande número. Sempre havia, porém, uma ou duas famílias presentes. Eles traziam quase sempre uma porção de manteiga que, com uma colher, colocavam nas lamparinas, fazendo assim oferendas de luz.

Outro testemunho da tradição budista sendo praticada foi um monge que vimos fazendo prostrações na porta de um *gompa*. A prostração, ou *Tchatsel*, em tibetano, significa literalmente "pedir para se obter algo em nossas mãos". Com as mãos unidas como em prece, tocamos o topo da cabeça, a garganta e o coração. Em seguida, apoiando as palmas das mãos no chão, inclinamo-nos tocando rapidamente o solo com o topo da cabeça e, depois, nos levantamos. Essa é a prostração curta. Na prostração longa, esticamos todo o corpo no chão, deslizando as mãos pelo solo até uni-las novamente no topo da cabeça e, depois, nos reerguemos.

A prostração tem como objetivo purificar nossos hábitos negativos de corpo, palavra e mente, como o orgulho, que nos impossibilita para novos aprendizados. Ao fazer prostrações diante das divindades, estamos demonstrando nosso respeito por suas qualidades e, ao mesmo tempo, pedindo energia para despertar em nós as mesmas qualidades, que, no momento, se encontram adormecidas por nossa mente rígida e fechada.

Nas práticas budistas, a repetição de um mantra ou de um gesto é um método de transformação. Alguns exercícios preliminares envolvem a repetição de um mantra, de uma visualização ou da prostração 108 mil vezes. Observar um monge fazendo inúmeras prostrações pode parecer até obsessivo ao olhar ocidental. Mas a base do método budista é esta: repetir para mudar, isto é, repetir uma ação positiva para mudar um padrão mental negativo, como a preguiça, o orgulho e a falta de perseverança.

Era difícil dizer havia quanto tempo o monge já estava se prostrando quando chegamos, mas posso afirmar que, durante todo o tempo em que estivemos lá, ele não parou de se prostrar. Para poder fazer esse movimento com toda a sua roupa de monge, ele havia amarrado a base da saia com um cordão. Em uma das mãos, segurava um *mala* (rosário) e, tanto nessa como na outra, tinha uma espécie de pano protetor para que, ao se prostrar, pudesse deslizar as mãos no chão sem machucá-las.

Quando entramos em um *gompa*, a primeira coisa que fazemos são três prostrações, pois assim nos lembramos do propósito de ir até lá: transformar nossa mente egoísta, contaminada por medos e dúvidas, em uma mente compassiva e desperta como a dos Seres Sagrados para os quais nos prostramos. Depois, recitando seus mantras, passamos em frente dos vários altares com as estátuas das divindades. Como estamos sendo guiados por Lama Michel, temos conseguido licença para sentar nos *gompas* para meditar. Os monges recebem Lama Michel com muito carinho e agradecem por estarmos rezando. Aliás, acho que chegou o momento de escrever um pouco sobre para "quem" rezamos.

Nós rezamos para o nosso potencial de autocura ser despertado, e para nos conectarmos com a energia de cura já manifesta das divindades, fora de nós. Rezamos para a luz exterior despertar a nossa luz interior. Tanto a luz exterior como a interior estão sempre brilhando, como o Sol que brilha onde seus raios encontram acesso para fluir. Mas nossa luz interior se encontra fechada em nós, como se estivéssemos de olhos fechados, tanto para a luz externa como para nós mesmos. É por isso que rezamos: para cultivar nosso olhar em direção à luz. Infelizmente, não somos naturais como as plantas, que sempre crescem em direção à luz. Nosso hábito do medo e da dúvida nos impede de nos identificarmos com o positivo! Rezar e meditar é a mesma coisa. O poder de nossas rezas é criado pela intenção com a qual rezamos e por nossa receptividade diante do que é puro e positivo.

Quando eu era pequena, meus pais me ensinaram a rezar. Rezávamos para o "Papai do Céu" e, depois, quando eu já era maior, rezávamos para Deus. Sou muito grata a eles por terem me dado uma educação religiosa. Minha família é presbiteriana.

Quando eu tinha 21 anos, fiz minha primeira viagem ao Oriente em busca do Budismo. Meu pai havia falecido, e eu estava estudando musicoterapia em Salzburg já havia um ano. Sentindo-me muito triste com a sua morte, um dia percebi que desenhar flores de lótus me acalmava. Mostrei meus desenhos a uma amiga de Macau, e ela me disse: "Por que você não vai atrás das flores de lótus? Nos templos budistas de Hong Kong tem flores iguais às que você desenha".

O impacto dessa conversa foi tão grande que tranquei a minha matrícula no curso e fui morar cinco meses em Hong Kong. Aprendi Tai Chi com o mestre da minha amiga e visitei inúmeros templos budistas chineses. Eu ficava sentada olhando as flores e assistindo às cerimônias horas e horas... Mas sempre como observadora. Até o dia em que vi uma imagem de Avalokitesvara de Mil Braços e fiquei tomada por aquela experiência. Tirei muitas fotos e, dessa vez, eu não estava mais apenas observando; havia algo em mim que estava participando daquele momento.

Voltei a morar em São Paulo depois de ter completado meu curso em Salzburg e não busquei mais as flores de lótus. Até quando, no dia do meu aniversário de trinta anos, um astrólogo chamado Monsieur Charrete levou um casal de amigos seus à minha casa, dizendo: "Eu indiquei você a eles para ajudá-los a trazer um Lama tibetano para o Brasil". E assim aconteceu: depois de um mês, Lama Gangchen chegou a São Paulo.

Senti uma conexão imediata com ele. Quando vi Lama Gangchen pela primeira vez, minha amiga Monica, ele e eu tivemos um ataque de riso! Três dias depois, ele me disse que eu iria abrir o seu primeiro Centro de Dharma no Ocidente. Levei um susto, mas a conexão foi mais forte e, depois de um ano e meio, Lama Gangchen Rimpoche estava de novo em São Paulo fundando o Centro de Dharma da Paz Shi De Choe Tsog.

Lama Michel, que tinha cinco anos, logo demonstrou ter também uma forte conexão com Lama Gangchen, assim como seu pai, Danny. Nossa filha, Fernanda, tem hoje quinze anos. Ela também é especial, particularmente por sua capacidade de ser compassiva e generosa. Danny e eu nos divorciamos há mais de dez anos, mas continuamos a percorrer juntos o caminho de paz do Dharma. Ele também está aqui no Tibete agora. Exatamente há três anos, com as bênçãos de Lama Gangchen Rimpoche, eu me casei com o Stefano, também durante uma viagem ao Tibete.

Acabei contando um pouco da minha história para dizer que estou no Budismo por uma amizade profunda com Lama Gangchen Rimpoche e uma forte conexão com a filosofia e as práticas budistas. Uma vez li em algum lugar que Herman Hesse dizia: "A oração é confiança, é confirmação". Dessa forma, cada qual pode encontrar o seu desenvolvimento espiritual por meio do que lhe dá confiança e confirmação para seguir adiante.

Ainda no Monastério de Drepung, em um *gompa* onde há uma estátua de Maitreya, o Buddha do Amor, um monge nos ofereceu de uma concha branca um pouco de água abençoada, colhida dos potes de oferenda do altar. Ele também encheu com a água uma caixinha de filme para fotografia. Coloquei agora essa água abençoada em uma garrafa térmica que eu já havia enchido pela metade com conhaque. Assim, essa água poderá ser preservada por muitos anos, como uma essência-mãe. Colocando algumas gotas dela em um frasco de 35 mililitros junto com água e conhaque, fazemos uma essência-filha. Dessa forma, muitas pessoas poderão se beneficiar dessa primeira porção de água abençoada.

Trabalho há mais de dez anos com terapia de Essências Florais. Quando acompanho Lama Gangchen Rimpoche em suas viagens para o Oriente, costumo colher água de locais sagrados ou, às vezes, água abençoada por ele mesmo.

A água é usada nos rituais de iniciação espiritual, de purificação e cura física e emocional em quase todas as culturas, tanto no Oriente como no Ocidente.

Os Lamas tibetanos possuem um conhecimento profundo sobre a natureza sutil dos cinco elementos: o espaço, o ar, o fogo, a terra e a água. Por meio de visualizações, da concentração correta, dos mantras, mudras (gestos com as mãos) e do sopro, eles podem purificar os cinco elementos e imantá-los com energia positiva e poder de cura.

Há sete anos, conheci em São Paulo Oshiná, uma xamã norte-americana. Ela nos deu um copo de água da torneira para tomar. Tinha um forte gosto de cloro. Depois, segurando o copo ainda cheio de água, rezou por menos de um minuto e, então, nos devolveu o copo para que experimentássemos novamente a água. O sabor era outro, de água pura e doce. Ficamos todos impressionados. Naquela época, Lama Gangchen não havia nos ensinado ainda o Método de Regeneração do Meio Ambiente, para purificar os elementos tanto no nível grosseiro como sutil.

Lama Gangchen, em seu livro *Fazendo as pazes com o meio ambiente,* escreve sobre esse método: "Nossa energia do elemento água unida à energia do elemento água de nosso Lama Curador manifesta-se como a Grande Mãe da Água em nosso chakra do coração. Sua energia, sob a forma de luzes e néctares brancos, penetra o elemento água externo, interno e secreto do mundo e seus habitantes, purificando, curando e reenergizando-os".

Visitamos um outro *gompa* com uma estátua de Maitreya, no qual havia um espelho considerado "mágico". Ele foi doado por uma princesa ao V Dalai-Lama, Lobsang Gyatso (1617-82). Diz-se que esse espelho tira as feiúras de quem se olhar nele. Ele também possui uma função de oráculo: se você se enxergar nele com clareza, isso significa que terá boa sorte; mas, se a imagem estiver embaçada...

Lama Gangchen nos diz que a mente é como um espelho que reflete tudo que fazemos e pensamos mesmo quando estamos dormindo e sonhando. Então devemos usar a nossa mente-espelho de uma forma positiva, para refletir coisas boas.

Todos nós nos divertimos passando na frente do espelho. Tirei fotos e me vi fotografando. Mais tarde, procurando me informar melhor, fiquei sabendo que o significado sagrado do espelho remete à história da deusa Prabhavati, que teria dado de presente a Buddha Shakyamuni um desses utensílios como um símbolo de sua visão kármica pura de todas as suas vidas precedentes.

No Ocidente, dar de presente a alguém um espelho poderia até parecer uma mensagem ambígua, significando, por exemplo, que a pessoa deve "se olhar melhor". No entanto, no caso da princesa que presenteou o V Dalai-Lama, isso claramente significava o fato de ela reconhecer nele um ser de mente pura e brilhante.

O Budismo Tântrico nos ensina muito sobre o poder das imagens. Nesse mesmo livro de Lama Gangchen que acabei de citar, ele nos explica: "A mente é como um espelho que reflete tudo o que fazemos e pensamos, mesmo enquanto dormimos e sonhamos. Ela reflete nossa raiva, apego e amor. Quando reconhecemos que a mente negativa da ignorância e do embotamento mental faz mal à nossa saúde e meio ambiente interno, podendo causar doenças degenerativas crônicas, como tumores, câncer, cistos etc., temos que decidir removê-la com a mesma determinação com que decidimos remover um vírus de nosso computador. Podemos realizar isso praticando a purificação dos cinco ventos elementais, que nos possibilita expulsar os vírus de nosso sistema e mandá-los para o espaço, longe de nós. Emoções como o apego e o orgulho nos deixam estressados, nos esgotam. Se nós as purificamos, temos uma vida muito mais fácil".

A caminho de um restaurante, passeamos pelas ruas do mercado de Lhasa. Encontra-se de tudo: manteiga, carne, legumes, incenso, *tankas*, bandeirinhas de bons auspícios, *malas*, pedras semipreciosas, turquesas, corais, rodas de oração, *katas* de todas as cores e tamanhos, chapéus, botas, roupas, cortinas para portas, incenso em pó, incenso de folhas de pinheiro, de cipreste, dentes de ouro avulsos, óculos de lentes de pedras e muitas coisas mais. Para nós tudo é novo e inesperado. Há poucos turistas ocidentais nas ruas; vemos mais turistas chineses e de outros países orientais.

Muitos tibetanos que circulam no mercado principal estão recitando em voz baixa o mantra *om mani peme hung*, enquanto caminham girando suas rodas de orações. A roda de oração é um cilindro feito em metal, decorado com símbolos sagrados. Cada volta que o praticante dá, girando o cilindro no sentido horário, equivale a uma leitura completa das preces que estão inseridas em papel dentro do cilindro.

A atmosfera é bastante silenciosa, principalmente se nos lembramos que estamos em um mercado. Não se ouvem gritos ou anúncios de mercadorias nem conversas em voz alta. Para onde quer que dirigisse minha câmera, eu sentia que estava registrando uma imagem bastante forte.

O mantra *om mani peme hung* é o som do Tibete. Ele está presente a todo momento. Pode ser visto a distância escrito nas pedras marcando lugares sagrados ou pontos importantes de passagens nas montanhas. Um mantra é a expressão sonora de uma divindade. *Om mani peme hung* é o mantra de Tchenrezig (Avalokitesvara, em sânscrito), o Buddha da Compaixão. Já falei sobre Tchenrezig quando contei o mito da origem do povo tibetano, no qual, devido à sua compaixão, ele se casou com a mulher-monstra. Hoje ouvi outra história sobre o motivo pelo qual Tchenrezig teria se casado com ela.

Como vocês lembram, a mulher-monstra tinha um insaciável apetite sexual. Nesta outra história, seu apetite era por alimentos. Ela nunca se satisfazia. Na busca de saciar sua fome, ela fazia qualquer coisa: matava pessoas, comia sua carne e bebia seu sangue. Tchenrezig, vendo seu sofrimento, decidiu encarnar na Terra para tornar-se seu marido. Enquanto a mulher-monstra se agitava para encontrar comida, ele ficava ao seu lado recitando em voz baixa o mantra *om mani peme hung*.

Um dia, sua mulher lhe perguntou: "Por que você passa o tempo todo resmungando essas palavras que eu não consigo entender?" Ele respondeu: "Porque, graças a essas palavras, eu nunca sinto fome; estou sempre satisfeito". A mulher-monstra não entendeu como essas palavras podiam lhe tirar a fome, mas como confiava no marido tentou imitá-lo e, assim, rapidamente ficou livre da terrível sensação de estar sempre com fome. Continuando a recitar, desenvolveu também seu amor e sua compaixão, até atingir a Iluminação. Essa história nos mostra que não é preciso saber o significado de um mantra para que ele nos traga benefícios. Basta recitá-lo com a motivação de mudar.

Almoçamos em um restaurante de comida típica tibetana e, à tarde, fomos visitar o Jokhang, o templo mais famoso de Lhasa. O melhor ainda estava por vir. Mas, antes de contar isso, falarei um pouco sobre o Jokhang.

O Monastério de Jokhang fica na parte mais antiga de Lhasa e é o lugar mais sagrado de todos os lugares de peregrinação tibetana. Foi construído no século VII e sobreviveu a todas as mudanças destes últimos tempos, sempre mantendo suas atividades. Há mais de 1.300 anos, inúmeros peregrinos fazem prostrações nesse templo, lançam suas *katas* a Jowo, uma estátua considerada muito sagrada, acendem incensos, velas de manteiga e oferecem suas preces.

O rei Songtsen Gampo construiu Jokhang para abrigar a estátua de um Buddha chamado Akshobya, oferecida a ele por sua esposa nepalesa, Trisun. Nessa época, o templo era chamado de Trulnang. Mais tarde, quando sua segunda esposa, uma chinesa, lhe ofereceu essa famosa estátua de Buddha Shakyamuni, que se chama Jowo, o templo passou a ser chamado de Jokhang, ou "o trono de Jowo".

Essa imagem, conhecida por "Jowo Shakyamuni", representa o Buddha Gautama. Sem o seu usual traje de monge, ele aqui aparece com a coroa de Bodhisattva, como um praticante do Tantra. Segundo a tradição, essa estátua foi feita em Magadha, na Índia, durante o tempo em que Buddha ainda estava vivo. Depois de ter sido levada para a China, ela foi trazida para Lhasa no século VII pela princesa chinesa Wencheng, a segunda esposa do rei Songtsen Gampo, o responsável por trazer o Budismo para o Tibete. Com mais de um metro e meio de altura, ela é feita de uma mistura de ouro, prata, zinco, ferro e cobre, e é adornada com as mais nobres pedras preciosas e semipreciosas: diamante, rubi, lápis-lazúli, esmeralda, turquesa e a rara pedra *dzi*, que merece alguns comentários.

A pedra *dzi* é considerada no Tibete um poderoso amuleto contra doenças, má sorte e influências planetárias negativas. Ela é geralmente usada como um pingente em volta do pescoço e, muitas vezes, aparece como ornamento nas coroas das estátuas de divindades, como o

Jowo, no Jokhang. Elas podem ser brancas, marrons ou pretas, e sua "estampa natural" tem geralmente a forma de olhos ou anéis. Uma pedra *dzi* pode chegar a conter até mais de doze desses anéis ou olhos, mas as que possuem nove olhos são consideradas os talismãs mais preciosos e poderosos.

A origem dessas pedras ainda permanece misteriosa para nós. Entre os tibetanos, porém, encontramos diversas explicações sobre elas. Em geral, como as pedras são sempre encontradas nas proximidades de antigas tumbas ou em camadas mais profundas da terra, eles acreditam que sua origem seja pré-histórica. Segundo uma versão, elas seriam fósseis da época em que o território tibetano ainda era coberto por um oceano. Outros acreditam que elas são, na verdade, criaturas vivas ou vermes, que se petrificam quando olhados ou tocados pela primeira vez. Mais poética, porém, é a crença de que essas belas pedras seriam frutos que caem da árvore celestial que realiza desejos.

De qualquer forma, devido à sua raridade e à intrincada sofisticação de seus desenhos, exemplares genuínos dessas pedras são hoje vendidos a preços quase astronômicos. Mesmo as belas cópias feitas em Taiwan, extremamente bem trabalhadas, podem chegar a custar bem mais do que imaginaríamos.

Outra coisa que me chamou a atenção na estátua Jowo foi o pássaro mítico, conhecido como Garuda, esculpido no topo do encosto de seu trono. Esse pássaro aparece em muitos tronos de estátuas de divindades. O Garuda é um pássaro mítico que, ao quebrar a casca de seu ovo, nasce já maduro e pronto para voar. Nós o utilizamos em nossa meditação justamente para significar que a natureza pura de nossa mente, ao quebrar a casca do ovo da ignorância, encontra-se já totalmente pronta para "voar em direção à completa Iluminação".

As antigas lendas hindus sobre sua origem descrevem o Garuda como um enorme pássaro que, ao quebrar a casca do ovo depois de quinhentos anos de incubação, cobre os céus com seu gigantesco corpo e, batendo as asas, causa tufões e faz tremer a terra ao mesmo tempo que emana uma luz incrivelmente poderosa com seu corpo dourado.

Tudo isso aprendi lendo e meditando. Mas eu gostaria de compartilhar com vocês também algo que aprendi sonhando há três anos aqui mesmo no Tibete. Sonhei que voava muito alto, sobre lugares onde antes eu tinha medo de voar. Eu via cascatas e sentia respingar sobre meu rosto o vapor das gotas de água. Superando o medo de altura, eu havia descoberto o prazer de voar. Depois, sobrevoando minha casa, vi que tudo havia mudado e que, agora, precisaria me dedicar mais à minha sobrevivência. Então resolvi revelar ao mundo que eu sabia voar e que iria dar aulas de vôo para quem também tivesse nascido com esse dom. O primeiro medo, que era o de voar alto sobre as águas, eu já havia superado. Mas eu sabia que ainda tinha um outro medo a superar: o de compartilhar publicamente minhas qualidades.

No dia seguinte, quando contei esse sonho para Gangchen Rimpoche, ele sorriu satisfeito e me disse: "Esse sonho revela a sua mente de Garuda, que você acordou vindo ao Tibete".

Eu vinha alimentando o meu inconsciente com essa imagem de Garuda havia quatro anos, desde que comecei a praticar o método de meditação Autocura II. Nessa meditação, aprendemos a voar como esse pássaro, fazendo gestos com os braços abertos para cima e para baixo, enquanto cantamos o mantra de nosso Guru. Estamos treinando assim nossa mente a subir, isto é, a não cair na negatividade ou na depressão.

Gangchen Rimpoche nos ensina que, fazendo assim, aprendemos a focar nossas qualidades, o que nos leva a superar os hábitos de ter medo e dúvida. Treinando dessa maneira, podemos alcançar um nível de confiança que nos leva a sintonizar naturalmente nossas qualidades, em vez de focarmos a mente em nossos defeitos, como fazemos normalmente.

Percebi o quanto eu tinha esse padrão mental negativo, sempre dizendo para mim mesma que eu ainda não estava pronta para o que quer que eu fosse fazer. Havia sempre um sentimento de que eu ainda deveria me aprimorar mais antes de me lançar em um novo projeto. A mente de Garuda, ao contrário, nos ensina que nossas qualidades estão prontas a todo momento. Foi então que aprendi o quanto precisava parar de implicar comigo mesma e ver com clareza que o que dizemos a nós mesmos faz muita diferença. Abandonar termos como "deveria", "poderia" e pensar: "OK, pisei na bola, mas não preciso ficar para sempre em cima dela!".

No decorrer desses três anos, muitas vezes tive de me expor publicamente. Aos poucos fui aprendendo a aceitar minha espontaneidade, muitas vezes atrapalhada, apesar de criativa. Aprendi a não implicar comigo mesma, a não ter vergonha da minha própria vergonha. Afinal, o que importa é a intenção com que fazemos as coisas. Percebi que o sentimento de inadequação surge da idéia que temos da expectativa dos outros sobre nós. Mas, se volto o foco para a minha expectativa interna, com a mente de Garuda, reconheço que, mesmo não tendo me expressado como gostaria, havia uma boa motivação. Muitas vezes esquecemos para que estamos fazendo algo, porque nos perdemos num desejo perfeccionista.

Em torno de Jowo se encontram as estátuas dos Oito Bodhisattvas, os oito principais discípulos Mahayana de Buddha Shakyamuni: Avalokitesvara, Manjushri, Vajrapani, Maitreya, Samantabadra, Ksitigarbha, Sarvanivaranavishambini e Akashgarbha. Na época de Buddha, eles apareceram sob o aspecto de Bodhisattvas, demonstrando o modo correto de praticar o caminho Mahayana e ajudando a expandir amplamente seus ensinamentos, para o benefício de todos os seres. Um Bodhisattva é um guerreiro espiritual, alguém que está no caminho da Iluminação em benefício dos demais. Mahayana é uma das escolas do Budismo, e significa "O Grande veículo".

No Budismo, existem duas grandes escolas: a Hinayana, O Pequeno Veículo, e a Mahayana, O Grande Veículo. Na primeira, o praticante visa atingir apenas a libertação pessoal do sofrimento; já na segunda, ele tem a meta de atingir a Iluminação para o benefício de todos os seres. O Budismo Tibetano pertence à escola Mahayana e ao Tantra. O Tantra é o método mais veloz para atingir a meta Mahayana, pois trabalha com as energias sutis e muito sutis de nosso corpo e mente, por meio dos *chakras* e outros elementos sutis. O método Mahayana nos ensina a caminhar gradualmente, enquanto o Tantra treina a mente para trazer o resultado futuro como causa presente. Por isso, ele é muito veloz. Os métodos Mahayana nos preparam para praticar o Tantra.

As pinturas e as estátuas que contemplamos nos *gompas* são representações desse caminho veloz. Mesmo sem compreender seu significado, somos tocados por esses arquétipos. É como olhar para o que é secreto. Secreto não por estar escondido ou ser proibido, mas por ser profundo demais para compreendermos. Lama Gangchen nos explica em seu livro *Autocura III*: "'Secreto' significa que é necessária uma transmissão de coração para coração para que as instruções funcionem. A experiência interna que cada um tem é secreta, pois é uma experiência meditativa, e quando nos dirigimos às pessoas que não a tiveram, podemos apenas sugeri-la por meio de palavras. 'Secreto' significa que a mente não tem forma, e que, portanto, é muito difícil expor uma experiência mental. Tradicionalmente, todos os meditadores tântricos mantinham secretos os resultados de suas práticas, contando-os apenas aos seus melhores amigos, para assim guardar sua energia interna. Como resultado, tudo o que eles desejavam fazer com a mente (desenvolver a compaixão, a experiência da vacuidade ou a Iluminação) sempre dava certo. Esse é o motivo por que aconteciam tantos milagres e experiências especiais no início das linhagens tântricas: os meditadores sabiam muito bem como cuidar de sua preciosa energia mental interna.

    Três anos atrás, eu já havia visitado a estátua Jowo com Lama Gangchen Rimpoche, que, na época, havia conseguido permissão para passarmos por trás da cortina de correntes que a protege. De fato, não foi algo que passou sem nos tocar profundamente.

    Dessa vez, retornando com Lama Michel, eu não tinha idéia de como seria. Surpreendentemente, Lama Michel não só conseguiu a permissão para entrarmos no local onde Jowo está trancada, mas também uma autorização para participarmos de uma cerimônia com cem monges, que normalmente não é aberta ao público. Além disso, pudemos filmar e fotografar sem pagar nada. Em geral, o governo cobra dos turistas cem dólares para filmagens e três para tirar fotos. Todos fizemos doações para os monges, que foram entregues por Lama Michel ao Lama responsável do local. No final, cada um de nós recebeu uma *kata* oferecida por um monge.

Foi um enorme prazer testemunhar a serenidade, a calma e a confiança com que ele conseguiu toda essa abertura. Durante a cerimônia, concentrei-me diante de uma estátua de Maitreya e, mais uma vez, reconheci a conexão de Lama Michel com o Buddha do Amor. Lembrei-me então de lhes mostrar um trecho de uma carta aberta ao público que Lama Gangchen Rimpoche nos enviou, em 1995, por ocasião da primeira visita de Lama Michel como monge a São Paulo, após ter estado um ano no monastério no sul da Índia.

"Lama Michel é realmente um menino especial e muitos têm notado que sua energia é particularmente calorosa, como a pura qualidade de Maitreya, o futuro Buddha do Amor. Seu caloroso coração brasileiro unido à energia pura de Maitreya atuam muito bem. Atualmente, o sentimento de amor é quase inexistente e, por isso, Buddha Maitreya, o quinto Mestre Mundial, virá para restaurar a energia pura de amor no mundo. Isso ocorrerá no futuro, mas essa energia já está se manifestando na sociedade humana agora, como, por exemplo, através de Lama Michel. Seu nome tibetano é Jampa Guiatso, 'Oceano de Amor', devido à sua conexão com Maitreya."

Tashi Delek!

LHASA,
11 DE AGOSTO DE 2000.

H oje fomos visitar o Monastério de Sera Me, a 5 quilômetros ao norte de Lhasa, na base das montanhas no limite do vale. Sera é um dos seis grandes monastérios da escola Guelupa. Os outros cinco são Drepung, Ganden, Tashi Lumpo, Labrang e Kumbum. O Monastério de Sera foi fundado em 1419 por Sakya Yeshe, um dos principais discípulos de Lama Tsong Khapa. Sera, como Ganden e Drepung, era um centro de estudos tão importante que atraía pessoas de todas as regiões do Tibete. Antes da ocupação chinesa, Sera chegou a abrigar até 5 mil monges. Hoje, seiscentos monges vivem aqui.

Trata-se de um local importante na vida de Lama Gangchen Rimpoche, onde ele estudou durante os últimos anos que precederam a ocupação chinesa.

Em 10 de março de 1959, o Tibete foi definitivamente ocupado pela China. Lama Gangchen foi obrigado a estudar agricultura em uma escola chinesa e, seis meses depois, foi enviado à sua cidade natal para trabalhar em uma fazenda como agricultor. Porém, como continuou a curar as pessoas, ele acabou sendo preso e, por dois anos, cumpriu pena de trabalhos forçados. Quando foi libertado, voltou à sua cidade e recomeçou a fazer curas. Sua reputação se espalhou e os comunistas renovaram suas ameaças. Ficou seriamente doente, e foi então aconselhado a deixar o Tibete.

Em 1963, com alguns membros de sua família, Gangchen Rimpoche conseguiu fugir e entrar na Índia pelo Sikkim, onde teve de superar muitas dificuldades. Foi então admitido na Escola de Estudos Tibetanos Superior, em Varanasi, onde viveu durante sete anos. Ele morou com S. S. Kiabje Zong Rimpoche, com quem continuou seus estudos sobre os tantras e métodos secretos de cura. Ao mesmo tempo, deu apoio pessoal à sua comunidade, ajudando a resolver problemas de agricultura e muitos outros que os tibetanos enfrentavam devido ao fato de viverem no exílio.

Depois, transferiu-se para a Universidade de Sera Me, no sul da Índia, uma ramificação de Sera Me original, no Tibete. Esse monastério foi construído pelos refugiados tibetanos em terras oferecidas pelo governo da Índia depois da ocupação do Tibete. Em 1970, após terminar seus estudos, Lama Gangchen recebeu o diploma de *Gueshe Rigram*, o mais alto título que se concede nessa universidade.

Lama Michel estuda há sete anos nessa mesma Universidade de Sera Me, no sul da Índia. Portanto, visitar o Monastério de Sera Me aqui no Tibete é voltar ao nosso passado, onde nosso mestre e os mestres de nosso mestre receberam seus ensinamentos. Outra referência forte de nosso passado é o Monastério de Tashi Lumpo, em Shigatse, a segunda maior cidade do Tibete. Perto de Shigatse, está também o Monastério de Lama Gangchen Rimpoche, para onde viajaremos amanhã.

O Monastério de Sera foi fundado bem abaixo da pequena casa onde Lama Tsong Khapa passou muitos anos em retiro, meditando e escrevendo seus comentários sobre os ensinamentos de Buddha. No mesmo ano em que o monastério foi fundado por seu principal discípulo, Sakya Yeshe, Lama Tsong Khapa faleceu. Sakya Yeshe fez, então, várias viagens representando seu mestre, convidado pelos Imperadores da China e da Mongólia. Retornou a Sera com preciosos presentes: escrituras budistas em ouro, estátuas de inúmeras divindades e uma enorme Roda do Dharma, toda em ouro, que se encontra no *gompa* principal de Sera Me.

Na iconografia budista, a Roda do Dharma é um dos Oito Símbolos Auspiciosos e uma das Sete Jóias Preciosas. Há várias explicações para o seu significado. Uma dessas explicações se refere aos três treinamentos da prática budista: o cubo da roda representa o treinamento da disciplina moral, pela qual a mente encontra apoio e estabilidade; os raios emanam a sabedoria da vacuidade, com a qual a ignorância é cortada; e a borda significa o treinamento para se realizar a concentração perfeita.

Essa Roda nos faz recordar que o Dharma abrange tudo e é completo em si mesmo. Não tem começo nem fim, e está, ao mesmo tempo, parado e em movimento. Os budistas vêem a Roda como expressão da integridade e perfeição do ensinamento e do desejo de sua contínua difusão.

O Monastério de Sera está dividido em três grandes áreas: duas faculdades de filosofia (Sutra), Sera Me e Sera Dje, e uma faculdade para o estudo do Tantra. Já no Ocidente temos estudado o Sutra ao mesmo tempo que nos é transmitido o Tantra. Tradicionalmente, somente os Sutras são ensinados abertamente, enquanto os Tantras, como práticas esotéricas, são transmitidos apenas aos iniciados. Hoje em dia, devido à urgência espiritual em que nos encontramos, os Lamas tibetanos têm transmitido no Ocidente muitas práticas que há poucas décadas ainda eram secretas no Tibete.

O Sutra é o caminho de estudo e prática dos ensinamentos budistas, por meio do qual levamos muitas vidas para alcançar a Iluminação. O Tantra são as práticas secretas por meio das quais a Iluminação pode ser alcançada até mesmo em uma única vida. No Sutra, o estudante aprende a observar as causas do sofrimento e seus efeitos, e a desenvolver as seis Perfeições: generosidade, paciência, esforço entusiástico, moralidade, concentração e sabedoria. Ele caminha por etapas, escolhendo não lidar com certas dificuldades do caminho espiritual se não se achar ainda pronto.

No Tantra, o estudante trabalha com todas as dificuldades diretamente, pois aprende a lidar positivamente com a negatividade. Por isso, é um caminho "sem etapas", pois parte do princípio de que o resultado já se encontra na causa presente. Enquanto o Sutra é um caminho baseado na lógica e no estudo, o Tantra é um caminho energético e vivencial, baseado na capacidade do praticante de saber lidar com suas energias sutis do corpo e da mente.

Como os outros grandes monastérios tibetanos, Sera também é subdividido em faculdades e casas. As faculdades se diferenciam pela ênfase em um determinado tipo de estudo, possuindo cada uma o seu abade e o seu *gue-kor*, o responsável pela disciplina dos monges. A cada faculdade são afiliadas várias "casas", locais onde os monges moram, divididos de acordo com a região do país de onde vieram. Cada faculdade tem seu *gompa*, mas a universidade monástica como um todo tem um *gompa* principal, onde os monges de todas as faculdades se reúnem em ocasiões importantes.

No *gompa* principal encontramos uma estátua de Paponka Rimpoche e a *stupa* de Gueshe Yeshe Wanchug, mestres importantes da linhagem de Lama Gangchen Rimpoche.

Paponka Rimpoche foi um grande Lama da escola Guelupa. Ele viveu no início do século XX e escreveu muitos textos que são usados até hoje pelos estudantes do Dharma, como, por exemplo, o livro *Liberation in the Palm of Your Hand* (A liberdade na palma da sua mão). Ele foi o Guru-raiz do tutor de S. S. o XIV Dalai-Lama, Tridjang Rimpoche, que, por sua vez, foi o Guru-raiz de Lama Gangchen Rimpoche.

Da geração dos mestres de Lama Gangchen que viveram no Tibete, Gueshe Yeshe Wanchug foi o único que tive a preciosa oportunidade de conhecer pessoalmente, quando ele esteve em Milão dando iniciações há quatro anos. Lama Michel o conheceu em sua primeira viagem ao Tibete, quando tinha oito anos. Gueshe Yeshe Wanchug faleceu há três anos, na mesma época em que estivemos visitando esse monastério com Lama Gangchen Rimpoche. Lama Gangchen nos abençoou então com os restos das cinzas de seu mestre. O coração ainda estava inteiro. Na tradição budista, as cinzas cremadas de um mestre são relíquias.

Após ter contemplado as estátuas e fotos dos mestres de Rimpoche, e principalmente a *stupa* com os restos funerários de Gueshe Yeshe Wanchug, sentamo-nos na parte central do *gompa* e começamos a meditar. No trono ao lado do qual Lama Michel estava sentado havia uma foto de Gueshe Yeshe Wanchug. Ver sua foto me fez sentir muito próxima daquele local. Senti um profundo reconhecimento pela dedicação que toda essa comunidade budista tem para manter a linhagem de seus mestres. Senti também o quanto somos responsáveis por dar continuidade aos ensinamentos de nosso mestre, Lama Gangchen Rimpoche. Do nosso Centro de Dharma da Paz, em São Paulo, estavam presentes a Bebel, o Ricardo, a Lígia, a Madalena, a Andréa e a Cris. Um sentimento de profunda união se fez presente entre todos nós nessa meditação. Durante o almoço, conversamos um longo tempo sobre o quanto tudo isso representa, não só para nossa vida pessoal, mas para a continuidade desses ensinamentos.

A Andréa Velloso e a Cris estão captando as últimas cenas para o seu filme, *Tendrel, rede de interexistência*. *Tendrel* é o princípio básico do Budismo Tibetano: a interdependência dos cinco elementos – água, terra, fogo, ar e espaço –, que dá origem ao Universo. O filme *Tendrel, rede de interexistência* é um registro de viagens aos Andes, à Amazônia e ao Tibete, além de múltiplas participações de artistas, cientistas, políticos, indígenas, presidiários e prostitutas, que revelam o poder da *Interexistência* dos elementos por meio de seus conhecimentos e experiências pessoais. Andréa acompanha Gangchen Rimpoche em suas viagens, registrando esse novo olhar que reconhece os elementos em sua natureza pura e nos possibilita aprender assim a purificar nossa visão violenta e a transformá-la em uma visão de paz. Por exemplo, estamos sempre sendo tão bombardeados pela poluição sonora que reagimos com muito estresse ao som de um modo geral. Somos sensíveis até ao tom de voz com que alguém nos diz algo. É como se não pudéssemos escutar mais nada; buscamos o silêncio como um remédio. Então, precisamos voltar a acumular experiências de escutar com paz, com alegria.

Na divisão de Sera Me está um prédio que se chama Sera Me Tsangpa Khantsen no qual Gangchen Rimpoche viveu. Desde 1994 ele vem financiando sua reconstrução. Visitamos esse novo prédio. Os dormitórios já estão prontos, assim como o *gompa* onde está uma das nove estátuas de Buddha Maitreya, de 3 metros de altura, doadas por Gangchen Rimpoche em 1994, com o objetivo de aumentar a energia de amor no mundo. Elas ficaram prontas na mesma época em que Lama Michel escolheu viver em Sera Me Tsangpa Khantsen, no Monastério de Sera Me, no sul da Índia. Esse é o departamento reservado aos monges da Província de Tsang no Tibete; ele também foi construído e é até hoje mantido por Gangchen Rimpoche.

Hoje, tendo a consciência de que Gangchen Rimpoche confia a Lama Michel a continuidade de seu trabalho, percebo com mais clareza a interdependência dos acontecimentos: Tsangpa Khantsen no Tibete começou a ser reconstruído ao mesmo tempo que Lama Michel passou a viver em Tsangpa Khantsen no sul da Índia! Assim também as estátuas de Maitreya ficaram prontas nos dias em que se realizou o entronamento de Lama Michel, quer dizer, o reconhecimento oficial de suas reencarnações pela sociedade tibetana. Eu me lembro de ouvir Gangchen Rimpoche dizer: "Hoje temos muita sorte, pois temos Maitreya nessa estátua e na presença de Lama Michel".

Das nove estátuas de Maitreya, seis encontram-se no sul da Índia: no Monastério de Tashi Lumpo, em Sera Me Tsangpa Khantsen, em Sera Me Dratsang (o salão do Departamento "Me"), em Drepung Latchi, em Sera Latchi e em Ganden Latchi; uma se encontra em Katmandu, no Nepal, no Himalayan Healing Center; e duas no Tibete: uma em Sera Me Tsangpa Khantsen, que visitamos hoje, e outra no Monastério de Truphul, na Província de Tsang.

Outra razão pela qual Lama Gangchen Rimpoche realizou esse projeto das estátuas foi a de criar causas para que Maitreya, o Buddha do Futuro, se manifeste logo neste mundo.

Quando nos referimos a um Buddha não estamos nos referindo a um ser específico, mas ao estado mental puro daquele que atingiu a Iluminação. Existem muitos seres que se tornaram Buddhas no passado, e muitos vão se tornar Buddhas no futuro.

O Buddha histórico, Shakyamuni, foi o quarto dos mil Buddhas que vão aparecer no mundo durante este éon, um período de tempo correspondente a um bilhão de anos. Os três primeiros foram Krakuchanda, Kanakamuni e Kashyapa. O quinto Buddha será Maitreya. Ele se manifestará em nosso mundo para ensinar o Dharma do amor e da compaixão.

Para ensinar que o Dharma já havia sido revelado pelos Buddhas precedentes e depois foi esquecido, Buddha Shakyamuni comparava seu próprio conhecimento à redescoberta de um caminho coberto por ervas daninhas, que levava a uma cidade esquecida.

À tarde fomos visitar o majestoso Palácio do Potala, construído sobre uma rocha na parte central de Lhasa. Lhasa está a uma altitude de 3.607 metros, circundada por montanhas de 5.500 metros.

Esse palácio foi a residência do V ao XIV Dalai-Lama, e hoje se tornou um verdadeiro símbolo da cultura budista, onde provavelmente se encontram as relíquias mais preciosas do Tibete. Ele foi construído no século XVII pelo V Dalai-Lama, Lobsang Gyatso (1617-82), sobre as ruínas de um castelo do século VII, que pertenceu ao rei budista Songtsen Gampo. Desde a década de 1960, com a saída do XIV Dalai-Lama do Tibete, o Potala tornou-se um museu. Do ponto de vista energético, segundo a opinião geral dos praticantes budistas ocidentais que conheço, esse é um lugar que se tornou pesado por já não acolher mais vida, apesar de bem conservado.

Para compreender um pouco como é o Potala, é necessário vê-lo pelo menos em foto. Sua arquitetura única é impressionante. Ele possui 13 andares, 117 metros de altura e 360 metros de largura. Seu interior parece um labirinto misterioso. Ele possui mil quartos, 10 mil templos decorados com mais de 20 mil imagens sagradas e inúmeros terraços interligados por corredores estreitos. Soubemos que, no ano passado, um turista se perdeu durante uma visita e só conseguiu sair depois de uma semana. Visto de fora, devido às cores distintas de suas paredes, podemos notar que ele está organizado em duas sessões: a ala branca e a ala vermelha.

A ala branca foi construída primeiro. Ficou pronta em 1648. Essa ala foi dividida em duas partes: a esquerda era um monastério, contendo o dormitório dos monges e inúmeras salas de meditação; à direita encontrava-se a ala destinada às questões governamentais, a sala da Assembléia Nacional, salas de aconselhamento aos governantes e uma escola que preparava administradores religiosos e civis. Nessa ala viviam os regentes, tutores e administradores. Havia também uma enorme gráfica, onde as escrituras eram impressas a mão em blocos de madeira. O V Dalai-Lama faleceu em 1682, mas seu conselheiro principal, Sangye Gyatso, manteve sua morte em segredo, dizendo que Sua Santidade estava em retiro espiritual.

Doze anos depois do falecimento do V Dalai-Lama, em 1694, a parte mais alta do palácio, a ala vermelha, com telhados folheados a ouro, ficou pronta. De 1703 a 1959, essa ala foi reservada aos aposentos do Dalai-Lama, às salas onde ele distribuía bênçãos, onde se realizavam cerimônias religiosas, e aos templos que contêm várias *stupas*.

Como o Tibete era governado por um regime teocrático, o Dalai-Lama, além de ser responsável pelo governo, era considerado um Buddha, um Ser Sagrado. O respeito que os tibetanos tiveram no decorrer desses séculos pela linhagem dos Dalai-Lamas pode ser avaliado ao contemplarmos as oito *stupas* com suas relíquias e seus restos funerários, embalsamados ou cremados. Num longo corredor, vemos à nossa direita as *stupas* do V ao XIII Dalai-Lama, com exceção do VI, cujos restos se perderam.

Ficamos impressionados com o tamanho desses relicários, que medem de 7 até 13 metros de altura. Por exemplo, a *stupa* do V Dalai-Lama, responsável pela unificação do Tibete no século XVII, tem 12,6 metros de altura e 7,65 metros de largura. No seu interior, além de seus restos funerários, encontram-se roupas de Buddha Shakyamuni e um dente de Lama Tsong Khapa. Ela é decorada com 10 mil pedras preciosas e semipreciosas, entre as quais diamantes, rubis, turquesas, corais, pérolas e pedras *dzi*. É muito impressionante.

Lama Michel me contou que o ouro e as pedras preciosas eram doados pelos devotos de todo o Tibete.

Também já ouvi falar que o maior desejo de um tibetano era oferecer suas jóias aos templos quando estivesse perto da morte.

Na ala vermelha, também se encontram as *stupas* dos Oito Lugares Sagrados: a *stupa* do Acúmulo de Flores de Lótus, do Paranirvana, dos Milagres, da Reconciliação, do Buddha que Desceu dos Deuses, das Portas Auspiciosas e da Iluminação.

Uma *stupa* é uma construção em forma de sino sobre vários quadrados em degraus. Os detalhes de sua arquitetura seguem padrões específicos e possuem muitos significados. A *stupa* é a representação mais antiga de Buddha, ou da mente iluminada.

Acredita-se que o próprio Buddha Shakyamuni tenha passado as orientações sobre como construir uma *stupa*. Todos os detalhes da construção remetem a ensinamentos específicos, às etapas do caminho para a Iluminação, a partes do corpo de um Ser Iluminado e, por fim, ao processo de dissolução e criação dos fenômenos no universo, tal como ocorre na morte e no renascimento. Mesmo uma pessoa que não conheça todos esses significados provavelmente verá numa *stupa* um símbolo de captação e emanação de energia. Sua arquitetura me lembra uma antena que conecta a Terra com o universo.

Dois grupos de oito *stupas* foram construídos logo após a morte de Buddha Shakyamuni. O primeiro, conhecido como *Stupas* dos Oito Lugares Sagrados, tinha a função de celebrar os oito acontecimentos mais importantes de sua vida; o segundo, as Oito Grandes *Stupas*-Relicário das Oito Cidades, dividia entre os oito templos seus restos mortais. Dessa forma, ao longo da história do Budismo, muitas *stupas* têm sido construídas, tanto para guardar os restos mortais de seus mestres como para marcar lugares sagrados, onde grandes eventos se deram ou ensinamentos importantes foram passados.

Cada uma das oito *Stupas* dos Oito Lugares Sagrados tem um significado: a *Stupa* da Vitória foi construída originalmente para comemorar o fato de a vida de Buddha Shakyamuni ter sido prolongada por mais três meses. Conta-se que, apesar de já ter oitenta anos, Buddha atendeu ao pedido de um de seus devotos para que permanecesse mais tempo com ele.

A *Stupa* do Acúmulo de Flores de Lótus comemora, por sua vez, o nascimento do Príncipe Siddharta nos jardins de Lumbini. Segundo a tradição, logo depois de nascer, Buddha teria dado sete passos. Nos locais em que pisou, nasceram imediatamente sete flores de lótus. Essa *stupa* é também conhecida como *Stupa* do Nascimento do Sugata.

A *Stupa* do Paranirvana foi construída para celebrar o *paranirvana* final de Buddha, sua passagem para o estado além do sofrimento com a idade de oitenta anos. Em geral, essa *stupa* possui poucos ornamentos. Sua simplicidade simboliza a completa absorção de Buddha em seu *paranirvana*, onde todas as qualidades conceituais se dissolvem na vacuidade. Às vezes, encontra-se nessas *stupas* a imagem de uma tigela invertida, representando a morte física de um Ser Iluminado.

A *Stupa* dos Milagres comemora os milagres realizados por Buddha quando ele tinha cinqüenta anos. A *Stupa* da Reconciliação foi construída para celebrar o fato de Buddha ter conseguido reconciliar as disputas ocorridas entre diferentes facções da comunidade de seguidores devido à inimizade de seu primo, Devadatta.

A origem da *Stupa* do Buddha que Desceu dos Deuses remonta à história de que Buddha teria feito, aos

42 anos, um retiro de verão na Terra Pura de Tushita, onde se dedicou a ensinar o Dharma à reencarnação de sua mãe. Ele retornou à Terra na cidade de Sankasya, local onde se constrói uma *stupa*.

A *Stupa* das Portas Auspiciosas comemora o fato de Buddha ter passado seus ensinamentos pela primeira vez, aos 35 anos, perto de Varanasi, na Índia. Acredita-se que essa *stupa* tenha sido construída pelos seus cinco primeiros discípulos. Ela geralmente aparece decorada com muitas molduras de pequeninas portas, simbolizando os diversos caminhos ou métodos ensinados pelo Mestre. Uma série de quatro, seis, oito ou doze portas em cada um de seus lados representa seus principais ensinamentos: as Quatro Nobres Verdades, as Seis Perfeições, os Oito Nobres Caminhos e os Doze Elos da Cadeia do Surgimento Interdependente.

Por fim, a *Stupa* da Iluminação, também conhecida como *Stupa* do Domínio sobre Mara, comemora o fato de Buddha ter derrotado as tentações e os ataques das tribos de Mara, que desejavam desviar sua mente do conhecimento da verdade, destruir sua concentração e impedir sua Iluminação. Pelo poder do amor, Buddha transformou suas armas em uma chuva de flores.

Em torno de todas essas maravilhosas *stupas*, e por todo o Potala, portas, tetos, paredes e pilares são decorados com símbolos da iconografia budista, esculpidos em madeira e pintados de várias cores. A decoração como um todo possuía uma finalidade espiritual: um Feng Shui muito elevado, eu diria. Todas as cores e formas possuem um significado que visa à harmonização interior e com o universo. Hoje em dia, já podemos encontrar em livros o significado da arte sagrada tibetana.

Pensando sobre decoração, lembrei-me de uma conversa que tive uma vez com um monge tibetano que morou em minha casa por seis meses. Uma das coisas que o chocou foi saber que, no Ocidente, as pessoas colocam quadros em casa só porque gostam. Ele não conseguia entender como podiam pagar tanto por algo que não tivesse um significado sagrado.

A pintura de *tankas* é uma arte milenar, com um propósito de meditação, autocura e elevação espiritual, tanto para o artista que a faz como para quem a contempla. Para um praticante do Budismo Tântrico, ir ao Potala é uma oportunidade rara de contemplar *tankas* muito especiais, que contêm toda a informação necessária para suas visualizações durante a prática de meditação. É estritamente proibido fotografá-las, mas podemos comprar livros com fotos de algumas delas.

Gangchen Rimpoche uma vez explicou de forma muito simples e profunda como funciona o poder de cura da visualização: "Nós necessitamos de imagens para compreender o mundo, mas usamos imagens negativas demais para 'ler o mundo'. Com as visualizações, aprendemos a ver o mundo a partir de uma imagem positiva".

Nas meditações do Budismo Tântrico também se visualizam mandalas. Um mandala é um palácio puro no qual vive um Buddha Tântrico. No Palácio do Potala, pudemos visitar várias maquetes de mandalas. A mais antiga, feita no século XV, é a de *Kalachakra,* uma meditação do Tantra Superior que liga o macrocosmo ao microcosmo. As outras, construídas pelo VII Dalai-Lama durante o século XVIII, são maquetes de outras importantes meditações tântricas, como Guyasamadja, Heruka e Yamantaka. Para um praticante, a oportunidade de contemplar esses mandalas é muito preciosa, pois podemos ver o que os textos sagrados descrevem como visualizações a serem feitas durante as meditações.

Outro apoio para despertar a concentração meditativa são os altares. Em um local como o Potala, podemos ver altares com todos os implementos. Em geral, um altar contém uma *tanka* ou uma estátua de uma divindade, representando o corpo de Buddha; além disso, nele encontramos também textos sagrados (*petcha,* em tibetano), representando a *palavra* de Buddha, e uma *stupa*, que representa a *mente* de Buddha. À frente desses objetos são colocados potes de oferendas, incensos, velas, flores, e os implementos dos rituais de meditação, como o cetro, que se chama *vajra* (*dordje*, em tibetano), e o sino.

Um altar faz parte da vida cotidiana de um budista. Montado no local de sua prática de meditação, seu objetivo é lembrar o praticante das qualidades de Buddha que ele deseja cultivar em si mesmo. Como uma forma de acumular méritos, colocam-se no altar oito oferendas: água para beber, água para lavar os pés, flores, incenso, luz, água perfumada, alimento e música.

Cada oferenda possui um significado. As flores representam as qualidades dos Buddhas e Bodhisattvas; o incenso, a fragrância da moralidade; a luz simboliza a sabedoria; o perfume, a fé; e, por fim, a música representa a impermanência e a natureza vazia de todos os fenômenos.

Tradicionalmente, as oferendas são feitas em sete potes sobre o altar. A oitava oferenda, a música, pode ser representada por um címbalo, uma concha, ou, muitas vezes, é simplesmente visualizada. Uma outra possibilidade é colocar água nos sete potes, cada um simbolizando uma das oferendas.

No Potala, pudemos ver estátuas, *tankas* e *petchas* (esculpidos em madeira e pintados a ouro) doados no século XIX pelos Imperadores da China, da Mongólia, da Índia e do Nepal, mostrando assim que o Budismo era um ponto de referência comum para esses países. Como seria hoje em dia se os presidentes das nações tivessem um ponto de referência comum sobre a espiritualidade e se presenteassem com objetos sagrados?

Ao sair do Potala, contemplando suas inúmeras janelas, comecei a rir sozinha ao me lembrar de uma história contada por Chagdud Rimpoche, um Lama que atualmente vive no Rio Grande do Sul. Um camponês do interior do Tibete, numa peregrinação ao Potala, passou a cabeça entre as estreitas grades de uma das janelas do palácio para contemplar a vista. Olhou para a direita e para a esquerda e, quando quis tirar sua cabeça da janela, percebeu que ela estava presa entre as grades. Vendo que não conseguia mais sair, chamou seus amigos e lhes disse: "Estou preso aqui e sei que não vou conseguir sair. Mas morrer no Potala é uma grande honra. Por favor, avisem meus familiares que morri feliz". Os amigos começaram a chorar. Um Lama que estava por perto se aproximou para ver o que estava acontecendo. Ele perguntou ao camponês: "Como você colocou a sua cabeça aí?". O camponês, então, girou a cabeça para mostrar e, assim, tirou-a naturalmente das grades. Moral da história: você sai de um problema da mesma forma como entrou.

Com a visita ao Potala, finalizamos nossa programação em Lhasa. Amanhã teremos o dia livre para fazer compras e preparar as malas para ir a Shigatse, onde vamos nos encontrar com Lama Gangchen. Provavelmente viajaremos o dia todo. Sinto como se estivéssemos terminando uma viagem para começar outra.

Ter visitado todos esses lugares e templos sagrados tem um efeito purificador. Em cada lugar sagrado que passamos deixamos um pouco de nossas preocupações, tristezas e preguiça – *o nosso lado pesado*, como diz Rimpoche – e nos tornamos mais leves...

Tashi Delek!

SHIGATSE, 13 DE AGOSTO DE 2000.

Levamos um dia de viagem para chegar a Shigatse. Fomos em dois ônibus, quase a 40 quilômetros por hora. Havia muita poeira na estrada. Coloquei algumas gotas de óleo essencial de lavanda e de vetiver em um *spray* e várias vezes borrifávamos o ar, umedecendo-o para poder respirar melhor.

A estrada é de asfalto só até um certo ponto; depois é de terra. As estradas de terra estão em constante reparo. Há muitos buracos devido às fortes chuvas e ventos. Passávamos por homens e mulheres tibetanos removendo pedras com as mãos, trabalhando com enxadas e, às vezes, utilizando um pequeno trator. Eles vivem em cabanas construídas à beira da estrada. Víamos também tibetanos carregando nas costas barcos feitos de pele de iaque costurada. O iaque é um boi selvagem típico do Tibete, com os longos chifres encurvados lateralmente e para trás. É facilmente domesticável, sua carne é usada como alimento e os excrementos, como combustível. Também passavam rebanhos de carneiros e cabras. Os pastores, enquanto andavam entre as ovelhas, fiavam a lã num peão que girava quando puxavam a lã enrolada no braço. Paramos na estrada para almoçar. Nossa comida, trazida de Lhasa, era sopa instantânea de pacote e pêssego de sobremesa. No restaurante, pedimos apenas água fervida e refrigerantes. Não havia nenhuma outra coisa que pudéssemos pedir.

Fizemos uma outra parada, e os que quiseram comeram um pouco de batata fervida com carne de cabra cozida. Em Lhasa, uma parente de Gangchen Rimpoche havia oferecido essa comida numa cesta de palha a Lama Michel.

A maior parte do tempo, a estrada é como uma linha reta atravessando vastos campos de flores de mostarda amarelas e, às vezes, uma flor cor-de-rosa que não consegui descobrir qual era. Ao fundo estão as montanhas verdes num primeiro plano e, por trás, mais cadeias de montanhas azuis se fundem com o céu, contrastando com o branco das nuvens. Da estrada, podemos ver alguns monastérios ao longe, nas montanhas. Quando estamos perto delas, a paisagem se torna mais árida e a estrada passa a ter mais curvas; a vista é muito similar ao Aconcágua, nos Andes. Estivemos lá com Gangchen Rimpoche três anos atrás. Ele ficou muito surpreso com a semelhança.

Há quase quinhentos anos, Shigatse é o centro comercial e político da província de Tsang. Desde o século VII, época do V Dalai-Lama, aqui ficam o Panchen Lama e seu monastério, Tashi Lumpo. Panchen Lama é considerado a segunda figura de importância política e espiritual do Tibete.

As ruas da cidade são largas e compridas. O hotel em que estamos é bastante moderno para a região. Foi construído nos últimos dois anos. Shigatse fica a 354 quilômetros a oeste de Lhasa. A aldeia de Gangchen, onde está o Monastério de Gangchen Rimpoche, está situada a 32 quilômetros de Shigatse. Antes de sair do Brasil, comprei uma bússola para aprender a observar as direções. Fiz algumas anotações de minhas leituras ainda em São Paulo. Por exemplo, ao norte buscamos o conhecimento, o aprendizado e a gratidão. De acordo com a tradição indígena, é no norte que buscamos orientação para decisões difíceis e nos comunicamos com sabedorias superiores, expandindo nossa mente ao entrar em contato com os mestres. De fato, observei no Palácio do Potala que os altares das divindades estavam de costas para o norte; o meditador, portanto, estaria de frente para o norte, buscando contato com o que é superior.

Segundo a tradição do Budismo Tibetano, cada divindade possui uma direção própria. Em geral, porém, o altar está voltado para o leste.

Notei no Monastério de Sera Me que o pátio onde os monges treinam o debate – um método de aprendizado da dialética –, fica a leste, a direção onde se desenvolve a criatividade pela força do elemento fogo, e onde intensificamos nossa fé. É o reino do Sol, da força de vontade; é o nosso lado masculino, nosso pensamento racional. Li que o leste é a direção ideal para se lançar a semente de novos projetos; é também onde se inicia a busca de uma nova direção, quando a mudança se faz necessária em nossa vida.

Agora estamos nos movendo para o oeste, o reino da Lua, ou seja, da capacidade de sonhar e de se recolher para gerar novas idéias. Voltamo-nos para o oeste para nos curar de carências afetivas, materiais e espirituais. No oeste, relaxamos as tensões acumuladas no corpo e na mente pelo cotidiano estressante, mecânico e pouco acolhedor que, em geral, enfrentamos. É interessante que, quanto mais tempo viajamos, mais parece que estamos nos distanciando do que é conhecido.

Estamos agora a 4.124 metros de altitude. Em Lhasa, estávamos a 3.800 metros. Senti uma certa pressão na cabeça e percebo que devo me resguardar.

Nosso grupo aumentou para 62 pessoas. Aqui estão com Gangchen Rimpoche seus amigos de Taiwan e um grupo de chilenos, que está se responsabilizando por um projeto de tubulação para prover um sistema de água a todas as aldeias.

Gangchen Rimpoche recebeu-nos um a um em seu quarto para cumprimentá-lo. É sempre bom ver quem a gente gosta feliz. Muitos de nós lhe davam presentes para o monastério que será reinaugurado. Depois que cada um se apresentou para o grupo, Rimpoche disse: "Cada um de nós veio de um lugar distante, mas o amor nos aproximou. Estamos trabalhando com amor e, por isso, nosso trabalho está sendo possível. Estamos trabalhando para a paz; só assim é possível fazer alguma coisa. Em geral olhamos o mundo com a nossa raiva, com os nossos ressentimentos. Cada um vê o mundo do seu jeito. Nestes dias vamos aprender a ver diretamente, a ter uma experiência direta da nossa realidade, a perceber o mundo com um sentimento de paz. Com paz é possível fazer algo juntos, mesmo que nossas opiniões sejam diferentes. Por isso estamos nos dedicando a criar uma educação não formal de paz. Professores com paz, médicos e pacientes com paz. Estamos também tentando salvar uma cultura de paz. Com paz é possível vir ao Tibete e sentir uma alegria que depois levaremos para casa e para todas as nossas vidas.

Eu gostaria de mostrar um pouco dessa paz dos tibetanos para vocês. Eles são pobres mas vivem bem, não reclamam de trabalhar. Por exemplo, quando eles trabalham estão sempre cantando. Mesmo quando estavam trabalhando na prisão chinesa costumavam cantar, porque é um hábito deles. Podemos aprender algo com isso: cantar para trabalhar. Podemos nos deixar ser tocados por isso e levar essa experiência conosco. Procurem captar a energia da terra e do vento puros e levar essa experiência com vocês. Podemos ver as nossas dificuldades como o verão: às vezes tem sol, às vezes chove e às vezes tem nuvens no céu. O importante é que o que pegarmos de bom devemos compartilhar depois".

As palavras de Gangchen Rimpoche são simples e espontâneas, ditas de coração para coração. Quando as colocamos em prática, elas podem, de fato, mudar nossa vida positivamente.

Amanhã vamos visitar o Monastério de Gangchen e plantar muitas árvores. O projeto da aldeia de Gangchen foi iniciado em 1998 por Lama Gangchen com sua decisão de reconstruir seu monastério no coração da comunidade. Contudo, para melhorar a qualidade de vida de seu povo, é necessário ainda finalizar as instalações de assistência médica e educacional de toda área, assim como o fornecimento de energia elétrica e solar e a tubulação que proverá um sistema de água para todas as aldeias.

Depois de amanhã será a inauguração do monastério.

Tashi Delek!

Shigatse,
14 de agosto de 2000.

Nossa primeira visita ao Monastério de Gangchen iniciou-se da maneira mais auspiciosa que um budista pode esperar: no caminho, logo antes de chegarmos, surgiu um imenso arco-íris na direção para onde estávamos indo. Ver um arco-íris sempre traz alegria. Em muitas culturas, o arco-íris tem uma representação particular. No Budismo, um arco-íris é considerado um sinal de bons auspícios, pois é visto como uma manifestação da natureza pura dos elementos. Nesse caso, não só dos elementos externos, mas em interconexão com a presença da energia pura de Lama Gangchen Rimpoche e da motivação do grupo. Um arco-íris e a visualização de uma divindade possuem os mesmos aspectos: luz, cor, dimensão, forma e vacuidade. Um arco-íris é visto também como a ponte para a Terra Pura, isto é, para um ambiente de beatitude onde todos os sofrimentos externos e internos estão relaxados (*NgelSo*) e no qual tudo produz bem-aventurança.

O ônibus parou e todos desceram para tirar fotos de Lama Gangchen e Lama Michel diante do arco-íris. Fizemos uma foto em grupo enquanto cantávamos o mantra *om muni muni maha muni shakya muni soha* e *om mani peme hung*, e depois repetimos as frases de dedicação ditas por Gangchen Rimpoche. Uma garota de Taiwan, que em geral é bem recatada e quieta, cantou em voz alta, dançando com muita espontaneidade. Por fim, Gangchen Rimpoche pediu que fizéssemos um minuto de silêncio: naquele momento uma alegria particular com certeza despertou em todos nós.

O mantra *om muni muni maha muni shakya muni soha* foi o primeiro mantra que escutei de Gangchen Rimpoche, quando o conheci há treze anos. Lama Gangchen vive no Ocidente desde 1982. Durante os primeiros dez anos, dedicou-se à paz mundial e a cuidar dos ocidentais evidenciando sua saúde física. Nesse período, ele atendia pacientes com as mais variadas queixas. No Brasil, acompanhei-o como sua tradutora em centenas de consultas. Posso afirmar que testemunhei muitas curas. Como parte do tratamento, ele transmitia o mantra-raiz de Buddha Shakyamuni, *om muni muni maha muni shakya muni soha*, e receitava pílulas da medicina tibetana, abençoadas por ele. Esse mantra, que Rimpoche chama de nossa "companhia espiritual", é a base do seu método Autocura I. Esse método nos ensina a diferenciar nossos amigos e inimigos internos por meio da seguinte pergunta: "O que parece ser nosso amigo mas na realidade é nosso inimigo?".

A partir de janeiro de 1993, Lama Gangchen passou a dar um enfoque maior à palavra. Deixou de atender pacientes e estendeu sua proposta a grandes grupos. Criou o método de meditação Autocura Tântrica II, um exercício de ioga tântrica que usa mantras, mudras (gestos das mãos) e a visualização e concentração nos chakras. Dessa forma podemos curar as energias sutis do corpo e da mente e aprender a usá-las da maneira correta. No mesmo ano, ele fundou a Lama Gangchen World Peace Foundation (Fundação Lama Gangchen para a Paz Mundial), mais tarde reconhecida como uma ONG. No decorrer dos anos que se seguiram, dedicou-se também ao projeto da criação de um Fórum Espiritual dentro da ONU.

Depois de andar mais dez minutos de ônibus, chegamos diante da realização de um de seus grandes sonhos: a reconstrução do Monastério de Gangchen. Mais uma vez descemos do ônibus para nos regozijarmos com um momento especial. Um camponês tibetano, quando viu Lama Gangchen, começou a fazer prostrações em sua direção. Em um imenso campo de muitos quilômetros, avistamos ao fundo a nova construção do monastério na base de duas imensas montanhas onde estão escritos em tibetano os mantras *om wakisvari mum, om mani peme hung* e *om ah guru sumati kirti siddhi hung*.

Depois de alguns minutos de silêncio, Rimpoche nos contou um pouco sobre este lugar: "O monastério é como uma porta de entrada para as montanhas sagradas, que representam os Mandalas de Guyasamadja e Heruka e outros, nas montanhas mais atrás. Essas montanhas possuem muitas cavernas, onde grandes iogues, como Guru Rimpoche Padmasambhava, meditaram por muito tempo. O nome das cavernas é 'voando, voando', porque, segundo dizem, muitos iogues vinham voando da Índia. Nelas acontecem coisas estranhas; podemos escutar sons dos instrumentos musicais do Dharma e, meditando, podemos ter visões especiais. Existem pequenas entradas nas montanhas que dão acesso a grutas enormes com muita água sagrada. Andar do outro lado da montanha, onde está o cemitério, é como andar na Lua. Mas cada um precisa ter a sua própria experiência para acreditar em tudo isso.

Os iogues aos quais Rimpoche se refere aqui são os iogues tântricos que haviam desenvolvido os *siddhis*, isto é, poderes sobrenaturais que lhes davam melhores condições para ajudar mais velozmente os outros. Entre esses poderes estavam voar, caminhar sobre a água, atravessar montanhas e paredes, prolongar a vida e ter uma visão muito aguçada. Jesus Cristo também tinha alguns desses poderes. Aliás, existem teorias de que ele teria passado alguns anos na Índia meditando com iogues.

O carro de Gangchen Rimpoche parou no caminho várias vezes para que ele abençoasse os camponeses que o esperavam na estrada.

O monastério está lindo! A construção tem três prédios principais. O templo da frente, com dormitórios para noventa monges, a Casa de Retiros e a clínica médica. Logo abaixo do monastério estão várias casas de camponeses ao lado de um pequeno oásis de árvores em torno de um lago considerado sagrado. Como ainda há muita coisa para ser construída, muitos tibetanos estão sempre trabalhando, improvisando canções com a voz no ritmo do movimento dos braços enquanto usam as enxadas. Gangchen Rimpoche contemplou-os da escada do monastério e, num movimento decidido e alegre, foi até eles e pegou na enxada.

Ao entrar no *gompa*, Lama Gangchen fez três prostrações e, em seguida, Lama Michel fez o mesmo. Depois, aos poucos, todo o grupo foi entrando, dando espaço para cada um também fazer suas prostrações. Os monges estavam rezando. Eles cantam com a voz firme e gutural, enquanto balançam o corpo de um lado para outro num ritmo regular e constante.

O interior do *gompa* é similar aos que já descrevi: os monges sentam-se em fileiras verticais em relação ao altar e ao trono principal, que estão ao norte. Demos uma volta no *gompa*. Tiziana me mostrou nas paredes ao lado do altar duas imagens pintadas: uma de Drupchog Gyalwa Samdrup e outra de Panchen Zangpo Tashi.

No século XV, no tempo do I Dalai-Lama, nos primórdios da Escola Guelupa de Lama Tsong Khapa, Panchen Zangpo Tashi, o fundador do Monastério de Gangchen, foi uma das reencarnações precedentes de Lama Gangchen Rimpoche. Seu sucessor, o segundo regente do trono, foi Drupchog Gyalwa Samdrup, uma das reencarnações precedentes de Lama Michel. Drupchog Gyalwa Samdrup foi um grande iogue e mestre dos Sutras, dos Tantras, do vinaya, de filosofia, astrologia e cura, e concedeu grandes iniciações. Ele também recebeu o título de Panchen, ou Grande Mestre.

Lama Gangchen disse que ainda se lembra de, quando pequeno, ter visto muitos manuscritos de sua autoria. Infelizmente, eles foram todos destruídos durante a Revolução Cultural Chinesa. Essas duas imagens mostram que a conexão Guru-discípulo de Lama Gangchen Rimpoche com Lama Michel existe desde o século XV. A linhagem é muito importante no Budismo Tibetano. Trata-se de algo que atua no nível energético. Não é muito fácil para nós, ocidentais, entendermos e acreditarmos no poder da linhagem, apesar de termos também tradições que dão muito crédito à continuidade de certos valores.

O templo foi todo pintado a mão, desde as paredes até o teto. Cada desenho sempre possui um significado particular. Não há muita luz, o que cria um ambiente de recolhimento e concentração.

À esquerda, há uma sala de meditação do Protetor, e à direita, uma outra sala com uma maquete em três dimensões de um mandala de Yamantaka, com 2 metros de altura e 2,5 metros de diâmetro. Essa maquete foi feita no Nepal.

Atrás do trono estão as estátuas principais. No centro, uma estátua de 6 metros de Buddha Shakyamuni com seus dois discípulos, um de cada lado. À esquerda, uma estátua de 3 metros de Lama Tsong Khapa, também com seus dois discípulos. À direita, do mesmo tamanho, ficam uma estátua do IV Panchen Lama, de Panchen Zangpo Tashi e do X Panchen Lama. Em uma outra sala menor, mais à esquerda, estão cinco estátuas menores ainda do antigo monastério: Lama Tsong Khapa com seus dois discípulos, Panchen Zangpo Tashi e Tara.

Gangchen Rimpoche sentou-se em frente do altar, e Lama Michel numa cadeira ao seu lado. O grupo foi se sentando nas laterais. Os monges continuaram rezando. Havia mais de quarenta deles. Atualmente, vivem 25 monges nesse monastério; cinco já são bem idosos, do tempo em que Gangchen Rimpoche era jovem. Eles também foram para a prisão chinesa, mas, depois de soltos, voltaram a viver no monastério. Monges de outros monastérios também vieram para a cerimônia de inauguração, que será amanhã.

Após as rezas, dois monges fizeram a apresentação de uma meditação analítica conhecida por debate. O debate existe no Budismo há mais de 1.500 anos. Trata-se de um método lógico para analisar e aprofundar um assunto, pelo qual os monges podem testar e firmar sua compreensão dos ensinamentos recebidos e memorizados. É de bom auspício apresentar um debate numa cerimônia como a de hoje, pois debater sobre temas preciosos como o nascimento de uma mente compassiva cria uma causa de interdependência positiva.

O debate acontece entre dois grupos de pessoas: o que responde, com no máximo duas pessoas, e o que pergunta. A audiência de um debate pode chegar até a 4 mil monges, e qualquer um deles pode levantar e fazer perguntas. O primeiro expõe sua opinião ou sua forma de compreender um determinado ponto da doutrina. O segundo, então, levanta dúvidas e objeções, obrigando-o, assim, a examinar melhor seus conceitos e a aprofundar sua compreensão. A finalidade do debate, portanto, não é nunca derrotar o oponente, mas sim ajudá-lo a superar seus pontos de vista enganados. A batalha se dá entre a visão correta da realidade e as compreensões errôneas dela.

Os participantes de um debate seguem uma forma lógica para as perguntas e respostas, garantindo assim sua concentração numa determinada linha de raciocínio. O participante que responder deve manter-se sentado e calmo, e há algumas regras em relação às respostas: elas devem ser sempre, com poucas exceções, "é", "não é", "tem", "não tem". O que indaga, no entanto, fica de pé à sua frente e move-se muito.

No começo de um debate, quando um participante faz uma pergunta, ele sempre diz *dhi*. Essa é a *sílaba semente* da emanação da sabedoria de todos os Buddhas,

Manjushri. Recitando essa sílaba, dissolvemos a ignorância que encobre nosso potencial latente de sabedoria. Em seguida, ele faz uma seqüência de movimentos rápidos, cada qual com um significado profundo. Inicialmente, o *mala* (rosário) que ele está segurando na mão direita é colocado no ombro esquerdo, passando por todo o braço. Esse gesto representa unir a sabedoria ao método. Em seguida, ele bate a mão direita sobre a palma da mão esquerda, ao mesmo tempo que bate com firmeza o pé esquerdo no chão. Ele termina esse movimento, mostrando a palma da mão direita para o outro participante, num gesto de desafio. Este então deve responder imediatamente à sua pergunta.

Assistir ao debate é divertido e envolvente para todos, até mesmo para nós, que não compreendemos uma só palavra do que estão falando: eles expressam dúvida, curiosidade, suspeita, segurança e indagação com todo o corpo e com suas expressões faciais.

O debate de hoje foi tranqüilo se comparado com os debates que já assisti no monastério de Sera Me, onde vive o Lama Michel. No final da tarde, mais de seiscentos monges treinam de três a cinco horas diariamente a prática do debate, após terem memorizado textos durante duas horas na parte da manhã. Esse é o dia-a-dia de um monastério Guelupa. Os estudos das matérias dos debates levam de quinze a vinte anos. Quando finaliza esses estudos, um monge recebe o título de Gueshe, que significa "Conhecedor da Virtude".

Para quem via de fora, esses debates pareciam uma grande discussão organizada. Mais uma vez, notei a capacidade dos orientais para se auto-organizarem no meio de um caos. Lama Michel me explicou que, apesar de parecer uma grande bagunça, há uma harmonia, pois todos, ainda que falando simultaneamente, estão seguindo uma mesma linha de raciocínio. O clima de discussão deve-se ao fato de que, independentemente do conteúdo da resposta, os desafiantes devem sempre procurar contrariá-la usando a lógica. Para poder fazer isso, eles têm de ter uma compreensão do tema a partir de diferentes pontos de vista, baseada em textos de Buddha e outros mestres como Nagarjuna, Shantideva, Atisha e Lama Tsong Khapa. Muitas vezes, uma única frase pode ser tema de um debate de horas e assunto dos debates por até uma semana. Isso porque uma frase pode abranger toda uma matéria.

Depois do debate, alguns tibetanos trouxeram oferendas: sacos de *tsampa* (farinha de cevada tostada), um carneiro defumado e manteiga. Em seguida, um monge distribuiu *katas* para todos nós e, repetindo o que dizia Gangchen Rimpoche, dedicamos toda a energia positiva acumulada por meio de nossa intenção e concentração nessa cerimônia à paz interna e mundial:

"Paz interna
Paz mundial
Paz no meio ambiente
Saúde física
Saúde mental
Saúde emocional
Tempos de paz
Culturas de paz
Educação de paz
Paz com tudo
Tudo com paz
Pela atenção de todos os seres humanos
Pelas bênçãos de todos os seres sagrados
Pelas bênçãos de Guru Buddha Shakyamuni".

Depois que saímos do *gompa*, visitamos as instalações da associação Lama Gangchen Help in Action (Lama Gangchen Ajuda em Ação). Um de seus principais projetos é o de "adoções a distância", por meio do qual podemos oferecer apoio financeiro a pessoas carentes na Índia, no Nepal e no Tibete. No Tibete, particularmente, as condições de vida são hoje bastante duras. Na maior parte dos vilarejos, os pais não têm condições de pagar a educação de seus filhos. Oferecendo nosso apoio financeiro a uma criança, podemos garantir sua educação e uma certa qualidade de vida. As doações são destinadas às taxas escolares, à compra de material para o estudo, roupas, comida e outras necessidades. Também é possível "adotar a distância" idosos e monges.

Enrica, a discípula italiana de Rimpoche responsável por todo esse trabalho, contou que, nestes últimos três anos, eles já conseguiram realizar 1.300 adoções no Nepal, na Índia e no Tibete. Só no Tibete são 250 crianças adotadas, recebendo cada uma 15 dólares por mês. Enrica trouxe muitas roupas da Itália. E aqui já comprou quinhentos pares de sapatos, cadernos, lápis, roupas e malhas que serão distribuídos nos vilarejos perto do monastério. Ela me contou que algumas crianças vão para a escola de sandália durante o inverno. Receber ajuda para comprar uma malha é receber ajuda para sobreviver.

Quem desejar mais informações sobre esses projetos pode entrar em contato com Help in Action, Via Marco Polo 13, 20124, Milão, Itália. Tel./fax: +39 02 29000521. http: www.peacenvironment.net

Perto do monastério foi construída uma clínica médica onde um praticante da medicina tradicional tibetana já está trabalhando. A clínica foi abastecida esse verão com

Lhasa, 11 de agosto de 2000.

1 e 2. Monastério de Sera.

3. Estátua de Paponka Rimpoche.

1 e 2. *Stupa* de Gueshe Yeshe Wanchug.

1. Palácio do Potala.
2. Viagem para Shigatse.

Shigatse, 13 de agosto de 2000.

1. Andréa Velloso e Cris captando cenas para o filme *Tendrel, rede de interexistência*.

2. Ricardo Baddouh com um iaque.

3. Pastor fiando lã.

Shigatse, 14 de agosto de 2000.

1 e 2. Lama Gangchen Rimpoche e o arco-íris no caminho de seu monastério.

1

2

4

1, 2 e 3. Fotos em frente ao Monastério de Gangchen.

4. Foto de grupo dos tibetanos no Monastério de Gangchen.

1. Monastério de Gangchen.

2. Pinturas de Panchen Zangpo Tashi e Drupchog Gyalwa Samdrup.

3. Debate no *gompa* do Monastério de Gangchen.

1. Monges do Monastério de Gangchen.
2. Alfredo Sfeir-Younis.
3. Mulheres carregando água.

1. *Stupa* da Vitória.
2. Casa de Retiros.
3. Plantando árvores.

1. Ruínas do antigo monastério.

2. Ruínas do Trono do séc. XV

1

1. Pedras amontoadas em forma piramidal.

2. Lama Michel.

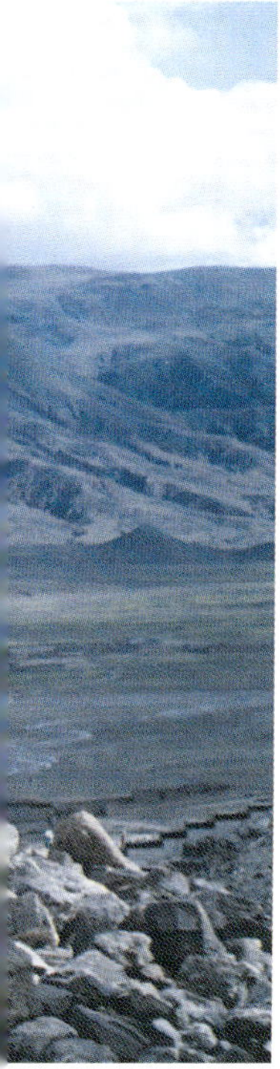

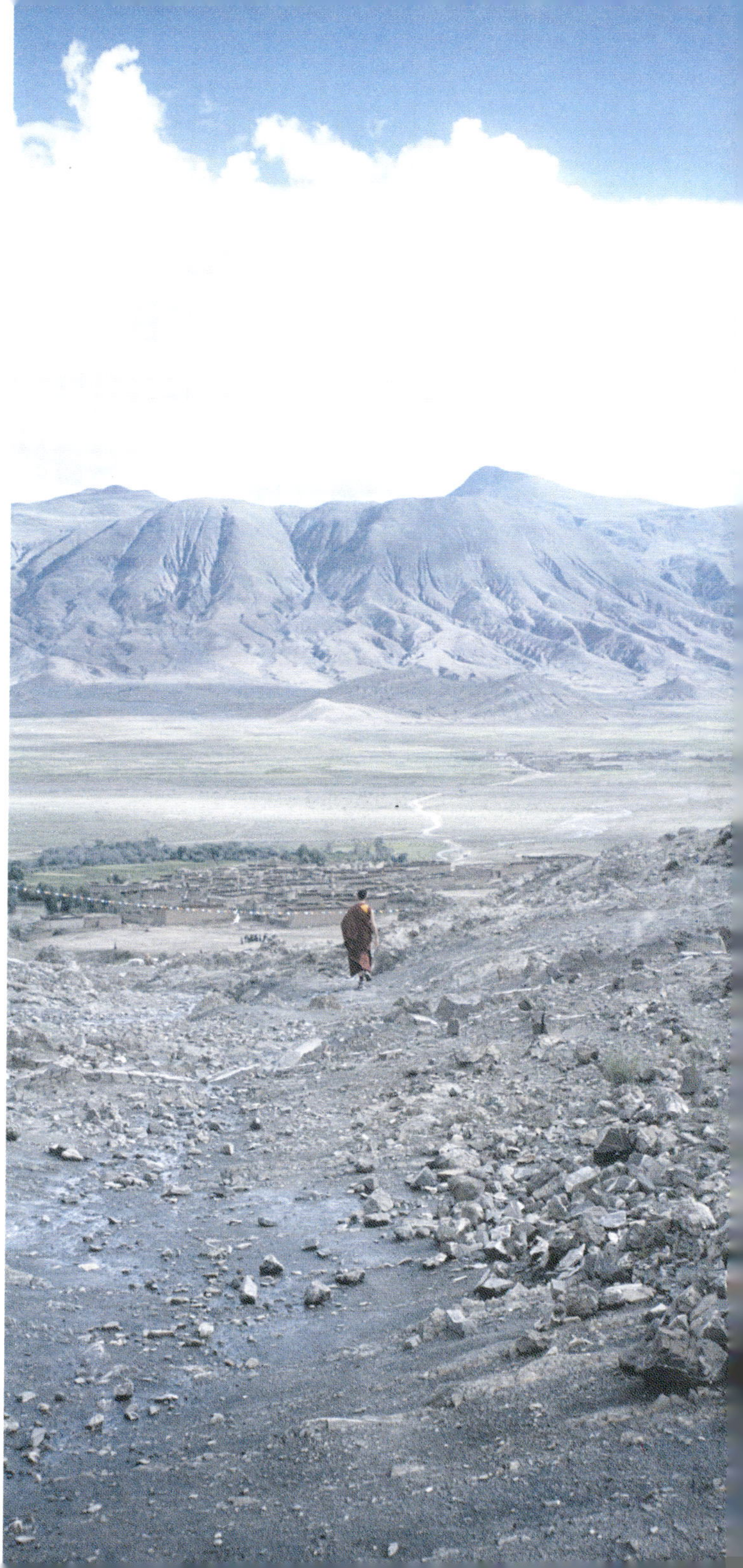

Shigatse, 15 de agosto de 2000.

1. Oferenda do Mandala.
2. Rimpoche sentado no trono.
3. Lama Kunsang Wadü Rimpoche.
4. Prefeitos dos distritos vizinhos.
5. Tibetana com arranjos nos cabelos.

1. Terapia dos balões.
2. Bel Cesar.
3. Corrida a cavalo.

1 e 2. Festa de Inauguração.

medicamentos suficientes para atender a população dos vilarejos por pelo menos um ano.

Ao redor do monastério, visitamos a casa de um monge, que tinha 2 metros de largura por 3 metros de comprimento. O que achei incrível foi ele acender uma lâmpada com energia solar criada por um simples tapete que captava a luz na frente da porta.

Quando fomos dar uma volta em torno do monastério junto com Rimpoche, encontramos duas moças carregando nas costas um galão de 12 litros de água. Rimpoche nos contou que os camponeses têm de buscar água duas vezes ao dia, de manhã e à noite. Essa é uma tarefa das mulheres, porque os homens têm de trabalhar no campo.

A cerca de apenas 10 quilômetros de distância do monastério, encontra-se uma fonte com água suficiente para abastecer toda a região. Com a ajuda de um engenheiro especializado em transporte de água e sistemas de irrigação, foi feito um projeto para abastecer uma área de mil habitantes. O projeto prevê a construção de uma rede hidráulica subterrânea capaz também de abastecer um bom sistema de irrigação. Mal posso imaginar o quanto a vida deles mudará quando o projeto de tubulação de água ficar pronto!

Num outro momento, Rimpoche nos mostrou como estava suja a roupa de um monge que veio falar com ele. Ele disse que os monges têm uma roupa só para toda a vida; por isso, não podem tirá-la para ser lavada. Eles não tomam banho no inverno e, no verão, uma vez por mês, no máximo. Devido à altitude, eles não têm um cheiro ruim. No Ocidente, se ficamos um dia sem tomar banho já cheiramos mal. Rimpoche comentou: "Talvez vocês sintam um cheiro ruim ao chegar perto deles, mas para eles isso não é nada!".

Isso me fez lembrar o que Lama Michel nos contou quando visitamos a cozinha do Monastério de Drepung. Ele nos disse que, nos tempos antigos, andar com uma roupa nova e limpa não era bem visto entre os monges. Então, quando eles se viam nessa situação, usavam a roupa nova para limpar o fundo das panelas antes de usá-la.

Por falar em costumes diferentes, Rimpoche nos deu um outro exemplo que, para os ocidentais, pode parecer muito estranho: nos monastérios, as "privadas" dos banheiros são profundas valas na terra em forma retangular, uma ao lado da outra. Basta ficar de cócoras e... pronto. Em um outro monastério que fomos, chegamos a contar dezessete valas! Aqui na Casa de Retiros são três valas paralelas. Mas, Rimpoche, pensando em nós, ocidentais, incluiu na planta um banheiro ocidental. Ele só poderá ser construído, porém, quando a tubulação de água ficar pronta.

Ouvindo Gangchen Rimpoche falar sobre a privacidade do banheiro ocidental, lembrei de um ensinamento seu, que, acredito, quem escutou dificilmente esquecerá. Falando que a paz já existe dentro de nós como um estado natural, Rimpoche usou como exemplo o longo suspiro que damos depois de ir ao banheiro, quando então deixamos essa paz interna se manifestar. Mas, assim que nos preparamos para sair, lembrando já de tudo que temos de fazer, perdemos esse sentimento. Lembro-me bem de quando disse: "Leve a paz do banheiro para o seu dia-a-dia".

A Casa de Retiros foi construída no mesmo local onde Rimpoche tinha seu quarto de meditação em sua vida precedente. Dizem, porém, que ele se recusava a usá-lo. Sendo já um Lama com poder de cura, ele passava o dia do lado de fora da porta meditando e dando pílulas de cura para quem necessitasse delas. Quando fazia frio, ficava na cozinha. Ele mesmo dizia: "Vou usar este quarto só na minha próxima vida". Ele estava convicto de que queria acumular energia espiritual e vital positiva para expandir ao máximo seus benefícios na vida seguinte. De fato, em sua vida atual, ele chegou a usar este quarto antes da ocupação chinesa, e hoje, como resultado da energia positiva acumulada, seus ensinamentos têm beneficiado um número cada vez maior de pessoas, tanto no Oriente como no Ocidente.

Gangchen Rimpoche construiu uma *Stupa* da Vitória logo abaixo da Casa de Retiros. Como já mencionei quando falei da visita ao Potala, essa é uma das *Stupas* dos Oito Lugares Sagrados.

Este ano Gangchen Rimpoche também construiu uma *stupa* no lugar onde ficava a casa em que nasceu, num pequeno vilarejo chamado Tashu, não muito longe do monastério. Como sua casa foi destruída e muitas pessoas lhe perguntavam onde ele havia nascido, ele resolveu construir uma *stupa* para o lugar ser reconhecido. Colocou também mil rodas de oração com o mantra *om mani peme hung*. Nesse e em outros vilarejos da redondeza, foram construídas clínicas médicas e escolas.

Nessa tarde, reunidos em torno de Rimpoche, escutamos todas essas histórias. Enquanto ele contava tudo o que já havia sido feito, fez questão de lembrar que fomos todos nós que fizemos. Finalizou dizendo: "Muito já foi feito, mas ainda há tanto por fazer".

À tarde fomos todos plantar árvores. Os camponeses já haviam feito as valas. Nosso trabalho era só colocar as mudas nelas e tapá-las. Para cuidar e desenvolver o meio ambiente da região, o ano passado os camponeses plantaram mais de quinhentas árvores frutíferas a pedido de Rimpoche. Este ano já pudemos testemunhar que as árvores conseguiram sobreviver, mesmo numa terra muito árida e com muitas pedras. Parece mais um milagre do Tibete.

Andréa Velloso me mostrou a gravação de uma das entrevistas que fez com Alfredo Sfeir-Younis para o seu filme *Tendrel*, aqui mesmo no Tibete, na semana passada. Alfredo Sfeir-Younis conheceu Rimpoche há alguns anos, quando exercia o cargo de representante especial do Banco Mundial na ONU. Atualmente, ele vive em Genebra, onde ainda trabalha para o Banco Mundial com projetos sociais e de preservação do meio ambiente dedicados à América Latina. Nessa entrevista, ele fala da questão do meio ambiente de uma forma tão clara que pedi sua permissão para transcrever alguns trechos:

"Precisamos nos dar conta da interdependência em seus vários níveis. Hoje em dia, a maior parte das pessoas, o consumidor em geral, se acha seu leite na prateleira do supermercado, não lhe interessa se ele veio da vaca, do laboratório, ou se foi preciso cortar 300 mil hectares de matas para fazer o pasto da vaca. O consumidor não está interessado na interdependência; é um consumidor, eu diria, globalmente egoísta. Hoje em dia, há mais alimentos no mundo do que em qualquer outra época da história da humanidade e, ao mesmo tempo, temos 800 milhões de pessoas que não têm o que comer. Isso faz parte de uma visão nossa que se desinteressa do problema de má nutrição na África, na América Latina ou na Ásia. A maior parte das pessoas pensa: 'Ah, isso está acontecendo em outro lugar' ou 'Isso é um problema do governo'".

"Os fatos que hoje no mundo nos preocupam, como a fome, as guerras, a contaminação ambiental etc., são conseqüências de nossas decisões, pessoais ou coletivas, que, por sua vez, são conseqüência de valores. Quando jogo, por exemplo, um casca de banana pela janela, isso acontece porque já tenho uma certa atitude, um certo sistema de valores com relação ao meio ambiente. Se não estamos satisfeitos com os resultados do desenvolvimento econômico, temos necessariamente que nos preocupar com os valores, com as crenças que estão determinando as decisões que tomamos".

Plantamos dezenas de árvores enquanto recitávamos mantras e Rimpoche dizia, feliz: "Fazendo as pazes com o meio ambiente!". E assim nós também entramos no espírito de trabalhar cantando.

Mal pegam na enxada, os tibetanos começam a cantar. Antes do almoço, gravei as melodias que acompanhavam o trabalho na cozinha. O cozinheiro cortava os legumes, as mulheres descascavam as batatas e os homens cortavam a carne de carneiro, sempre improvisando com a voz canções simples e alegres. Mesmo percebendo que estavam sendo filmados, não perdiam a espontaneidade. Não ficavam nada perturbados com a câmera; continuavam a cantar com a mesma expressão de satisfação e bem-estar.

As mulheres usam *tchubas*, uma túnica quase sempre sem mangas, cujo tecido se cruza na altura do peito e faz um laço atrás na cintura. Em geral a *tchuba* é de cor escura, preta ou marrom, em contraste com a cor forte da blusa de seda que usam por baixo: rosa-choque, verde-limão, turquesa ou vermelha. As mulheres casadas usam aventais listrados por cima da *tchuba*. Elas usam muitos brincos e colares de pérola, turquesa, coral, e algumas possuem pedras *dzi*. Todas têm cabelos longos, com tranças feitas com fios coloridos, que depois amarram acima da cabeça. Muitas usam turquesas, corais e grandes pedras de âmbar nos cabelos. Algumas têm uma pulseira que é uma enorme concha branca. Ouvi dizer que elas colocam a concha no pulso ainda na infância. Assim, depois que o braço cresce, a pulseira só sai se for quebrada. Visitamos também uma nascente de água potável perto da Casa de Retiros. Essa água é considerada sagrada, pois surgiu no século XV, quando Panchen Zangpo Tashi bateu na pedra com a bengala. Na década de 1970, a fonte secou completamente e só voltou a jorrar água em 1987, quando Gangchen Rimpoche visitou o monastério pela primeira vez depois de 24 anos de exílio. Amanhã vou pegar um pouco também dessa água sagrada para fazer mais uma Essência Floral.

As ruínas do antigo monastério, que existiu desde o século XV até 1959, ainda estão presentes. Também pudemos ver as ruínas de um trono onde mestres muito importantes deram ensinamentos e iniciações, a partir do I Dalai-Lama, no século XV. Em 1987, Gangchen Rimpoche convidou S. S. o X Panchen Lama a vir abençoar esse local. Vieram mais de 10 mil pessoas receber suas bênçãos. Em 1991, quando Gangchen Rimpoche voltou pela segunda vez, ele passou o dia todo, de manhã à noite, distribuindo bênçãos para uma fila quilométrica de camponeses tibetanos. Um de seus projetos a curto prazo é a reconstrução desse importante trono.

Mais adiante, vimos vários conjuntos de pedras amontoadas em forma piramidal. Esses montes são feitos pelos monges e camponeses, que, cada vez que fazem uma *kora* em volta do monastério, deixam uma pedra para marcar sua presença. Imagino que tenham a mesma função daqueles montinhos de pedras que vimos durante a *kora* feita em torno da montanha onde fica o Monastério de Ganden. Depois disso, passei a notar em outros pontos da região montes de pedras como esses, deixando sempre uma impressão de vida nos vilarejos.

Hoje foi mais um dia intenso, e amanhã promete ainda mais: será o dia da festa de inauguração do monastério. Será lua cheia em Aquário. Como diz Gangchen Rimpoche em seu livro *Autocura III*: "O enfoque da Autocura é superar nossos sofrimentos um a um e desenvolver nossas realizações de sabedoria como uma lua nova que cresce gradualmente, até que a mente de lua cheia e de energia de Iluminação se manifeste".

Tashi Delek!

SHIGATSE,
15 DE AGOSTO DE 2000.

Chegando ao monastério, encontramos um número bem maior de camponeses do que ontem. Eles vieram para a celebração da inauguração: um dia de festa para os tibetanos e para nós.

A cerimônia foi iniciada com Lama Gangchen Rimpoche fazendo uma prece que se chama Oferenda do Mandala. Com essa oração, oferecemos o universo em seu estado puro. Gangchen Rimpoche recitou-a voltado para a fotografia de S. S. o XI Panchen Lama, que se encontrava sobre o trono principal do templo. Para representar esse universo puro, o Lama toca o topo da cabeça com textos sagrados, o som e a palavra pura de Buddha, com a estátua de uma divindade, a forma e o corpo puro de um Buddha, e com um mandala (círculo) de prata, a mente pura de um Buddha.

Gangchen Rimpoche realizou também esse ritual voltado para Lama Kunsang Wandü Rimpoche, que estava sentado num outro trono à sua esquerda. Lama Kunsang Wandü Rimpoche tem apenas nove anos. Ele é um dos três Panchen Lamas que foram escolhidos em 1995, quando procuravam a reencarnação do atual Panchen Lama. Vamos falar mais sobre eles quando visitarmos o Monastério de Tashi Lumpo.

Após sentar-se em seu trono, Lama Gangchen recebeu muitos presentes para o monastério como, por exemplo, estátuas e *tankas* acompanhadas de cartas parabenizando-o pela inauguração. As cartas eram lidas em voz alta, enquanto entregavam inúmeras *katas* para Gangchen Rimpoche, para o abade do monastério, para os prefeitos dos distritos próximos do monastério e para todos os monges presentes. Eram tantas *katas* para entregar que dois homens trouxeram uma vara com todas elas penduradas.

Gangchen Rimpoche recebeu dos monges de Tashi Lumpo, em nome do atual Panchen Lama, tecidos em brocados para fazer roupas de Lamas. Recebeu também um quadro enorme com a foto do Monastério de Tashi Lumpo e um outro com a foto do XI Panchen Lama. De Lama Kunsang Wandü, Gangchen Rimpoche recebeu vários textos sagrados e paramentos de brocado, como a bandeira da vitória. Os camponeses representantes dos vilarejos o presentearam com sacos de cevada, manteiga e cabras defumadas, já despeladas.

Uma tibetana veio honrar a festa com seus enormes colares e suas jóias nos cabelos entrelaçados. Seu penteado era um arranjo de tranças com pedras semipreciosas, especialmente turquesas e corais, presas numa armação triangular com 1 metro de largura e uns 30 centímetros de altura. Muito emocionada, ela chorava timidamente. Ouvi dizer que os tibetanos raramente choram em público. Eles acham que chorar não é bom, pois deixa os outros tristes e, além disso, é uma forma de perder energia.

Os ocidentais também fizeram uma fila para presentear Gangchen Rimpoche. Havia silêncio, calma e alegria. Oferecíamos os presentes e uma *kata* para Rimpoche e, depois, uma outra *kata* para Lama Kunsang Wandü. Os quinze primeiros ofereceram estátuas dos Oito Símbolos Auspiciosos e das Sete Jóias, e os demais ofereceram cada um seu presente pessoal. Tradicionalmente, oferecer esses símbolos a Lama Gangchen Rimpoche é reconhecê-lo como um Chakravartin, um Buddha, um monarca universal, pois esses são seus pertences.

Os Oito Símbolos Auspiciosos e as Sete Jóias são os símbolos mais populares e antigos dos símbolos sagrados do Budismo Tibetano. Trazem boa sorte, longa vida, prosperidade e proteção contra interferências negativas.

Os Oito Símbolos são, originalmente, as oferendas feitas pelos deuses a Buddha Shakyamuni, imediatamente após sua Iluminação. Brahma, o grande rei do Reino da Forma, foi o primeiro a surgir; ele ofereceu a Buddha a Roda Preciosa, pedindo que ele a girasse transmitindo seus ensinamentos. Em seguida veio o grande deus do Céu, Indra, que lhe presenteou com uma Concha Branca. Essa concha simboliza a propagação dos ensinamentos, que se espalham com seu som em todas as direções. A deusa da Terra, Sthavara, que nasceu como testemunha da Iluminação de Buddha, deu-lhe um Vaso Dourado repleto de néctar da imortalidade.

O Pára-sol Precioso simboliza proteção e realeza, o poder espiritual no sentido positivo. Os dois Peixes de

Ouro Sagrados representam alegria, pois possuem a liberdade de nadar fluindo na água; eles representam também sanidade espiritual, fertilidade e abundância, por se multiplicarem rapidamente.

O Nó Infinito do Amor, por não ter início nem fim, representa a infinita sabedoria e compaixão de Buddha. Ele simboliza também a visão de *Tendrel*, isto é, o reconhecimento de que todos os fenômenos são interdependentes. Oferecer um presente com um cartão impresso com o nó infinito, por exemplo, visa estabelecer uma conexão entre quem está presenteando e quem está sendo presenteado.

A Bandeira da Vitória Sagrada simboliza o poder do aprendizado, a vitória do conhecimento sobre a ignorância. A Flor de Lótus Sagrada, por fim, é um símbolo da pureza espiritual e da origem divina.

As Sete Jóias representam as sete riquezas ou abundâncias que se manifestam junto com o nascimento de um Chakravartin, um Rei do Universo, tal como ocorreu no nascimento de Buddha Shakyamuni. Elas são uma extensão kármica de seu mandala.

A primeira delas, a Roda Preciosa, é representada como uma roda de mil raios, simbolizando os mil Buddhas da nossa era. Sendo muito vasta, ela também simboliza o veículo de Buddha, a carruagem com a qual ele atravessa enormes distâncias e realiza viagens a outros reinos de existência ou a outros universos.

A Jóia Preciosa, o segundo dos sete pertences de um Chakravartin, é uma jóia que realiza os desejos, tanto daquele a quem pertence como dos que estão à sua volta, sob sua esfera de irradiação. Ela traz riqueza, crescimento e abertura. Dentre seus oito poderes mágicos também está o de curar aflições mentais e doenças.

A Rainha Preciosa é a mais bela das mulheres. É adorada por seus súditos e, com sua inata sabedoria feminina, sempre oferece apoio aos projetos de seu rei, ajudando-o, assim, a governar. A união entre os dois traz paz e prosperidade para o reino, e uma descendência que garantirá o mesmo no futuro.

O Ministro Precioso possui os olhos de um deus, capaz de enxergar muitos milhares de quilômetros à frente. Dotado de qualidades especiais, como sua brilhante inteligência, enorme paciência e inigualável capacidade de escutar, ele é um conselheiro perfeito. Seu desejo é trabalhar apenas para promover o Dharma, proteger e beneficiar todos os seres.

O Elefante Precioso tem a força de mil elefantes e o tamanho de uma montanha. Durante uma batalha, mostra força inexaurível e, nos tempos de paz, demonstrando sabedoria e dignidade, obedece a seu dono com perfeição, seguindo suas ordens mentais com percepção telepática.

O Cavalo Precioso se move com rapidez e sem cansaço, sendo capaz de atravessar os quatro continentes em um instante. Sua forma é perfeita e seu cavalgar, silencioso. Em sua sela se encontra a jóia preciosa, um símbolo de que, por meio dele, as bênçãos auspiciosas do Chakravartin se espalham por todo o reino.

O General Precioso possui sua vontade totalmente sintonizada com a vontade de seu Chakravartin, conhecendo assim com exatidão os desejos de seu governante. É um guerreiro da verdade e da justiça, tendo abandonado todas as ações não-virtuosas que prejudicam outros seres.

Todos esses símbolos representam as virtudes e qualidades da mente iluminada de Buddha, da mente livre de toda e qualquer negatividade, livre da ignorância, da raiva e do apego. Eles também representam o método, que é a compaixão, e a sabedoria, que é a visão correta da realidade: tudo está interligado e nada existe por si mesmo.

No final da cerimônia Gangchen Rimpoche agradeceu a todos. Recitamos preces de dedicação em todas as línguas das pessoas presentes: inglês, italiano, francês, português, alemão, holandês e chinês. Em seguida, Gangchen Rimpoche levantou-se do trono e ofereceu uma *kata* a Lama Kunsang Wandü Rimpoche. Caminhando em direção da saída do *gompa*, ofereceu mais uma *kata* para cada representante dos vilarejos. Enquanto isso, a seu pedido, o grupo de Taiwan cantava em chinês repetidas vezes a frase: "Pelo poder da verdade, paz e alegria para sempre".

O templo original do Monastério de Gangchen foi fundado no século XV por uma encarnação precedente de Gangchen Rimpoche, Panchen Zangpo Tashi, um discípulo do I Dalai-Lama, o sobrinho e sucessor de Lama Tsong Khapa. Até 1959, aqui viviam 350 monges residentes. O monastério foi completamente destruído durante a Revolução Cultural Chinesa na década de 1970. Na década de 1980, com o esforço coletivo dos camponeses dos vilarejos próximos, uma pequena parte do monastério foi reconstruída. Infelizmente, porém, devido à pouca resistência do material usado, a construção não sobreviveu às difíceis condições climáticas do local.

Em dezembro de 1988, Gangchen Rimpoche decidiu reconstruir o monastério e, além disso, dedicar-se a projetos para a melhoria das condições de vida dos habitantes locais. Dentre esses projetos está o de levar água canalizada aos vilarejos próximos, desenvolver o atendimento médico e o ensino. Junto de seus discípulos e amigos, que deram apoio financeiro e trabalharam por esses ideais, hoje presenciamos a realização de um sonho. Atualmente vivem no monastério 25 monges, mas ele está projetado para abrigar noventa estudantes. Seus quartos ficam logo à frente do templo.

Por que Gangchen Rimpoche decidiu reconstruir um monastério tão longe de onde vive atualmente? Ele nos explicou que um monastério é um recipiente. Só nos dedicamos a procurar belos recipientes para coisas muito especiais. Por exemplo, uma caixa de ouro decorada com pedras preciosas geralmente contém em seu interior algo ainda mais precioso. Então, se nos dedicamos muito a reconstruir esse monastério, é porque o que será preservado nele é algo de muito valor. No passado muitos seres se tornaram Buddhas, seres iluminados, devido ao que aprenderam nos monastérios. Atualmente apenas poucos monges sustentam a responsabilidade de não deixar o monastério se extinguir. A construção de um prédio novo vai estimular mais monges a se dedicarem a essa missão.

Os monges e os camponeses sempre viveram em extrema união. Os camponeses contavam com o apoio dos monges para rezar por sua proteção espiritual, enquanto os monges dependiam dos camponeses para serem alimentados. Tradicionalmente, esperava-se que um dos filhos de uma família se tornasse monge. Ter um filho monge é até hoje considerado uma honra.

Até os dias de hoje o monastério é um ponto de referência para os camponeses. É o local onde podem encontrar ajuda espiritual, comemorar os dias festivos religiosos, receber assistência médica e aprender a ler e escrever. Enquanto está sendo construído, o Monastério de Gangchen é também uma possibilidade de trabalho para eles.

A festa de inauguração foi uma oportunidade para vermos de perto os costumes do povo tibetano e a maneira como se expressam quando estão felizes, sorridentes e compenetrados ao mesmo tempo. Houve uma corrida a cavalo. Não era uma competição; os participantes apenas corriam a cavalo. Os cavaleiros usavam um chapéu vermelho redondo com muitas franjas, como um abajur, e uma capa de um amarelo bem forte. Os cavalos eram pequenos e enfeitados com faixas de tecido colorido na crina; quando galopavam, faziam soar os guizos presos na sela. Ao terminar o trajeto da corrida, cada cavaleiro recebeu uma *kata* de um tibetano.

Durante horas homens e mulheres dançaram formando um semicírculo. Sete homens e sete mulheres moviam-se lentamente no sentido horário, marcando com passos simples e repetidos o ritmo das guitarras. Três homens tocavam guitarras de madeira longas e estreitas com poucas cordas, levemente afinadas, entoando notas graves. As mulheres usavam blusas coloridas com mangas longas que ultrapassavam as mãos pelo menos uns 20 centímetros. Os homens usavam uma roupa que parecia um roupão; em geral, eles vestiam só uma das mangas, deixando a outra presa na cintura. Todos estavam de chapéu e blusa branca, mas *branca* mesmo, bem limpinha.

Cantavam canções dedicadas a Gangchen Rimpoche. Como não podia ficar andando entre os tibetanos, que queriam sempre tocá-lo para receber suas bênçãos, Rimpoche assistiu à dança da janela do carro. Ele traduziu para mim um trecho do texto de uma das canções: "Aqui perto há uma montanha com água de ouro que corre até nós, e um pequeno Lama que faz sair néctar da montanha e o distribui a todos".

Os demais fizeram um círculo em volta do grupo que dançava. Algumas ocidentais também começaram a dançar junto com eles, o que causou muito riso entre os tibetanos.

Os tibetanos estão sempre reunidos em família, sentados em círculo. Seu sistema social aceita a monogamia, a poligamia e a poliandria, quando uma mulher pode ter mais de um marido (em geral, irmãos ou primos). O divórcio, no entanto, é muito raro!

À tarde, para soltar as interferências negativas e deixar uma marca positiva de confiança e certeza, Gangchen Rimpoche e Lama Michel soltaram dois enormes balões de ar com 3 metros de circunferência enquanto recitávamos a oração de bons auspícios:

"De sol a sol, à noite ou ao meio-dia,
Possam as Três Jóias conceder-nos suas bênçãos,
Possam as Três Jóias ajudar-nos a alcançar todas as realizações,
Possam as Três Jóias espalhar muitos sinais auspiciosos no caminho de nossas vidas".

As Três Jóias são Buddha, o médico que nos ajuda a ver nosso problema; Dharma, os remédios e as soluções para o problema; e Sangha, os amigos que nos apóiam e nos inspiram durante o processo de autocura.

Há três anos Gangchen Rimpoche nos ensinou a *terapia dos balões*. Assopramos nos balões todas as coisas que nos desequilibram e das quais queremos nos livrar: ressentimentos, raivas, medos, lembranças difíceis, traumas e dúvidas. Depois soltamos o balão, deixando que ele leve embora todo esse "ar pesado". Precisamos de métodos práticos que nos ajudem a nos desprender de nossas lembranças doloridas.

Os ensinamentos budistas nos mostram que só aceitamos nos libertar de uma dor quando nos convencemos cem por cento de que senti-la nos faz mal. Não é simples nos convencermos profundamente de que um sentimento que nos causa dor não é benéfico. Sentimos apego à dor, como uma forma de orgulho ou como uma "isca" para atrair a atenção dos outros. O pior sofrimento é o apego ao sofrimento. Assoprando os balões com a intenção de nos desapegarmos do sofrimento, esvaziamos as tristezas de nossos pulmões. Outra dica: depois de soltar o balão, não olhe mais para ele!

Uma vez, decidi fazer essa prática com muita concentração. Escolhi um lugar na natureza, onde pudesse estar isolada de tudo e de todos. Assoprei no balão os meus ressentimentos com muita convicção de que era melhor abandoná-los. Fechei-o e joguei-o para trás. Mantive os olhos fechados por alguns segundos, procurando me conectar com os sentimentos que vinham à tona nessa experiência. Em seguida abri o olhos e vi que o vento havia trazido o balão de volta para mim; ele estava no meu colo! Eu não quis acreditar. Não pensei duas vezes: estourei o balão e me levantei rindo sozinha... Lembrei então de como Gangchen Rimpoche havia sugerido que soltássemos o balão: andando de carro, por exemplo, para que assim o vento o levasse para a direção oposta.

Os balões que Gangchen Rimpoche e Lama Michel soltaram hoje representavam também muita alegria. Coloridos, contrastando com o intenso azul do céu, eles voaram para o leste. E como escrevi no dia 12, o leste é a direção ideal para se lançar a semente de novos projetos!

Depois, no telhado da Casa de Retiros, que é como um terraço, cada um de nós cantou uma canção de seu país. Enquanto isso, Lama Michel e alguns tibetanos soltaram uma pipa. Víamos as crianças tibetanas correndo nas montanhas mais abaixo, rindo ao soltar suas pipas coloridas. Era lindo ver as cores contrastando com o forte céu azul e, ao fundo, as montanhas verdes.

No final da tarde, 33 jovens monjas de um monastério perto de Shigatse vieram oferecer orações para Gangchen Rimpoche. Durante quase meia hora, elas cantaram repetidas vezes o mantra de Amitayus, o Buddha da Vida Infinita, com a intenção de gerar a consciência de que a preciosa vida de Lama Gangchen não se limita apenas a esta sua vida atual.

A prática de Amitayus é uma das mais conhecidas entre os tibetanos. Como uma forma de receber bênçãos para terem uma vida longa, eles costumam convidar Lamas e monges para fazer essa cerimônia em suas casas. O sucesso do ritual depende de vários fatores, como a intenção, a sabedoria, a fé e a concentração dos que o realizam.

Acredito que o costume de pedir que outros rezem por nós exista em quase todas as religiões. Ouvi falar que nos Estados Unidos já existem pesquisas científicas que comprovam o efeito positivo das rezas feitas a distância para pacientes em hospitais.

Na festa de hoje, havia alegria, espontaneidade e espiritualidade, que deixaram um sentimento de inteireza e paz.

Amanhã vamos visitar o Monastério de Tashi Lumpo, o quarto maior monastério do Tibete.

Tashi Delek!

Shigatse, 16 de agosto de 2000.

Visitar Tashi Lumpo nos faz percorrer a história do Budismo no Tibete. Eram tantas informações para registrar e sentir que resolvi gravar tudo em vídeo. De fato, só agora, assistindo à gravação e pesquisando sobre o monastério em um livro, é que pude compreender onde estivemos. Para ser sincera, durante essa visita liguei a câmera de vídeo para me "desligar" das informações objetivas. Hoje quis apenas estar receptiva à energia particular de cada lugar. Especialmente porque, durante o dia todo, carreguei em uma sacola envolta em duas *katas* as cinzas que trouxe do Brasil para serem lançadas aqui. Há muitos anos trabalho como psicóloga com pacientes terminais. Este ano surgiram oportunidades para que eu aprendesse a cuidar das cinzas num nível mais sutil, após a cremação.

Conforme Lama Gangchen me instruiu, carreguei-as com a motivação de receber as bênçãos da peregrinação.

O Budismo Tântrico nos ensina a ver além das aparências imediatas, pois reconhece a existência dos níveis grosseiro, sutil e muito sutil do corpo, da mente e dos elementos externos e internos. Quando falamos do corpo, por exemplo, consideramos seu nível grosseiro o corpo físico, seu nível sutil, a aura, e seu nível muito sutil, o contínuo mental, isto é, a mente muito sutil que transmigra de uma vida para outra, sustentada por ventos de energia muito sutis. A natureza interna mais essencial da mente muito sutil é pura como cristal, mas nela estão registradas as marcas das intenções com que realizamos nossas ações de corpo, palavra e mente.

O caminho espiritual no Tantra visa justamente remover essas marcas, para voltarmos à natureza pura e, assim, podermos ajudar os outros a fazer o mesmo. *Tantra* significa "*continuum*": o *continuum* dos ventos de energia e da mente sutil através do adormecer, dormir e acordar; através da morte, do bardo (estado intermediário) e do renascimento.

Precisamos purificar esse *continuum* de energia que se manifesta momento a momento, vida após vida, usando práticas energéticas especiais.

Chamamos de mente grosseira nossas percepções baseadas na mente conceitual. A mente conceitual avalia a realidade a partir da visão errônea de que os fenômenos são permanentes e têm existência inerente, isto é, são independentes. A mente sutil é nossa sabedoria intuitiva. Em outras palavras, já sabemos tudo o que precisamos saber para ter paz interior e felicidade permanentes, mas precisamos nos libertar dos pensamentos grosseiros que nos impedem acessar essa sabedoria inata.

Antes de ouvir falar da existência desses outros níveis de energia, o sutil e o muito sutil, eu sentia muito medo de lidar com a idéia da morte. Não que hoje eu tenha superado totalmente esse medo, afinal temer o desconhecido faz parte da natureza humana. No entanto, desde que comecei a reconhecer a presença da energia sutil em minha vida cotidiana, ficou mais fácil relaxar na confiança de que sempre há uma energia positiva de base nos sustentando continuamente, e que ela não se interromperá nem mesmo no momento da morte. O medo é a sensação de se encontrar numa situação sem saída: uma experiência de ausência de espaço. Um de seus antídotos, portanto, pode ser confiar numa sensação de continuidade positiva.

No decorrer destes últimos anos, tenho aprendido que é possível ter uma visão positiva da morte. Quando vou dormir, por exemplo, procuro me sintonizar num ponto de aconchego interno antes de me entregar ao sono. É uma forma de garantir uma noite bem dormida e um bom despertar. Imagino que morrer pode acontecer da mesma forma se soubermos nos acolher, confiando que acordaremos numa vida ainda melhor.

Em geral não gostamos de falar sobre a morte, nem sobre o fato de que estamos envelhecendo a cada dia. Nossa idéia de morte está contaminada pela visão que temos da morte dos outros. Temos de explorar essa visão dentro de nós. Se nos concentrarmos nela, poderemos nos dar conta de que muitas de nossas idéias arquivadas são contraditórias.

A morte é um conceito que adquirimos de acordo com a nossa personalidade, educação familiar e espiritual, meio social e hábitos culturais. Podemos trabalhar com os nossos preconceitos. Não estamos destinados a ficar presos a eles.

A mente que evita pensar sobre a morte gostaria de reconhecer a eternidade nesta mesma vida; a mente que busca não pensar sobre a vida, por outro lado, gostaria de reconhecer a morte como uma forma de anestesiar a dor da existência, tornando-se assim niilista. Nenhuma dessas duas vê além das aparências imediatas nem percebe a natureza da continuidade.

Visitar lugares sagrados como Tashi Lumpo e refletir sobre o significado de carregar essas cinzas numa peregrinação pode nos ajudar a ampliar a visão que temos de nós mesmos. É um bom exemplo de como podemos cuidar da energia sutil, mesmo quando a grosseira já não está mais presente.

Ao chegarmos ao monastério, fomos muito bem recebidos por seus representantes, que nos serviram chá-preto com leite, balas e biscoitos. Eles agradeceram a Lama Gangchen Rimpoche por sua dedicação à reconstrução do Monastério de Gangchen, pela assistência aos vilarejos locais e por todo o apoio que tem dado também ao Monastério de Tashi Lumpo, principalmente com as doações para a construção da nova clínica médica. Na saída, eles nos presentearam com *katas* e cordões vermelhos abençoados por S. S. o XI Panchen Lama. Também nos deram pílulas sagradas feitas com a água que lavou o sal do corpo de S. S. o X Panchen Lama e as essências que o cobriram antes de sua cremação. Para a mente dos ocidentais pode ser um choque receber pílulas feitas com a água que lavou um cadáver. Para uma mente que reconhece o sutil, porém, essas são pílulas que absorveram a energia sutil da aura de um Buddha, um Ser Iluminado.

Antes de sairmos da sala, Gangchen Rimpoche aproveitou o momento para esclarecer que não tem nenhum tipo de relação política com nenhum governo. Por exemplo, nos últimos anos Rimpoche tem se dedicado muito à questão da paz mundial por meio de sua fundação, Lama Gangchen World Peace Foundation (Fundação Lama Gangchen para a Paz no Mundo), uma organização não-governamental reconhecida pela ONU. Ele trabalha pela paz mundial, sem ter nenhuma ligação política. Gangchen Rimpoche não cria oposições, não critica nem julga os esforços alheios. Ele diz que para trabalhar pela paz é preciso ter uma atitude de paz. Sem dúvida que a paz mundial só se tornará uma realidade quando pudermos encontrar soluções para as causas dos conflitos sociais, políticos e econômicos. Entretanto, enfatiza Gangchen Rimpoche, para resolver esses problemas, precisamos primeiro resolver os profundos conflitos internos. Ele finalizou dizendo: "O mais importante é que estamos aqui para rezar, pois esta é Sukavati, a Terra Pura de Amitabha. Quando rezamos do fundo do coração, acumulamos méritos para nos aproximar desse estado mental puro de Paz".

Amitabha, quando ainda era um Bodhisattva, um ser a caminho da realização suprema, dedicou seus méritos para ajudar todos os seres a renascer em sua Terra Pura quando ele atingisse a Iluminação. Quando ele atingiu a Iluminação, transformou-se em Sukavati, a Terra Pura de Amitabha, onde os seres encontram condições muito favoráveis para o desenvolvimento espiritual. Ao rezar o mantra de Amitabha, criamos as causas para nos conectar com ele.

O Monastério de Tashi Lumpo foi construído pelo I Dalai-Lama, em 1447. Em 1600, ele se tornou a sede dos Panchen Lamas. Nesse ano, o Grande V Dalai-Lama deu a seu mestre, que vivia no Monastério de Tashi Lumpo, o título de Panchen Lama, "O Grande e Precioso Sábio". Os Panchen Lamas são considerados encarnações do Supremo Buddha Amithaba, e os Dalai-Lamas, do Supremo Buddha Avalokitesvara.

Amitabha, ou *Opame* em tibetano, significa literalmente "luz infinita". Ele é a emanação do aspecto discriminativo da mente de todos os Buddhas, isto é, a sabedoria capaz de discriminar entre os fenômenos autocuradores e os autodestrutivos.

Avalokitesvara, ou Tchenrezig em tibetano, significa "o que observa com o olhar firme". Tchenrezig é a personificação da compaixão infinita de todos os Buddhas. Na época de Buddha Shakyamuni, ele se manifestou como um de seus discípulos.

Quando começamos a fazer contato com o Budismo Tântrico, deparamos com muitos termos que não estamos habituados a escutar. Corremos o risco de interpretá-los erroneamente, segundo nossos preconceitos e experiências passadas já assimiladas. Por exemplo, a idéia que temos de Deus não é a mesma que o Budismo tem de uma divindade.

No Budismo, não se fala em um Deus criador e onipotente. As divindades às quais fazemos preces, oferendas e pedidos são seres que, tendo purificado a mente e desenvolvido todas as qualidades, chegaram ao despertar supremo, à perfeição.

A palavra *Buddha* significa "O Desperto", "O Iluminado". Os Buddhas, ou Seres Iluminados, podem se manifestar numa grande variedade de formas, segundo as disposições e necessidades dos indivíduos. Suas emanações recebem o nome de divindades ou deidades.

Os budistas não adoram ídolos. As imagens são vistas como representações das qualidades da mente iluminada. Uma estátua ou uma pintura serve apenas para nos lembrar das qualidades da mente iluminada. Quando nos prostramos diante delas, estamos nos curvando para essas qualidades. Não precisamos ter uma estátua à nossa frente para fazer reverência ou respeitar as qualidades de um Buddha. Mas, por exemplo, se vamos a um lugar distante sem nossos familiares, pensamos neles e sentimos muito amor. Até gostamos de levar uma foto deles conosco. Quando olhamos a foto e sentimos carinho por nossa família, não estamos amando o papel ou a tinta da foto. A foto simplesmente fortalece a nossa memória. A mesma coisa acontece com a estátua ou a pintura de um Buddha. O mais importante é que, mostrando respeito aos Buddhas e às suas qualidades, despertamos essas mesmas qualidades em nosso próprio fluxo mental.

Antes da Revolução Cultural, viviam 4 mil monges em Tashi Lumpo. Atualmente vivem 860. O monastério possui uma área de 300 mil metros quadrados dos quais 150 mil são ocupados com área construída. À direita de todos os templos está um paredão conhecido por Gokupea, que significa "Pintura de Seda". Nos dias festivos, nesse paredão são penduradas *tankas* com 20 metros de altura e 25 metros de largura!

Há cinco templos principais. No primeiro que visitamos vimos uma estátua de Buddha Maitreya de 26 metros de altura, construída em 1914 pelo IX Panchen Lama. Para esculpi-la foram usadas toneladas de bronze e, para folheá-la, 250 quilos de ouro. Ela é adornada com inúmeros diamantes, pérolas, corais, turquesas, ágatas e outras pedras preciosas e semipreciosas.

Em outro templo, vimos uma estátua de Maitreya de 7,3 metros de altura, encomendada há 553 anos pelo

I Dalai-Lama. Ao seu lado encontram-se mais duas estátuas, uma de Manjushri e outra de Avalokitesvara. Essas outras duas foram criadas pelo próprio I Dalai-Lama. O monge-guia nos contou que Ele realizou várias cerimônias para imantar a estátua de Maitreya com a energia pura do Buddha do Amor, e que, durante os rituais, teve visões de Maitreya sendo absorvido na estátua. Como resultado da presença dessa energia pura, diz-se que as letras do mantra de Maitreya surgiram espontaneamente em sua testa, a imagem de um Buddha apareceu na turquesa de seu brinco e, no terceiro olho (entre as sobrancelhas), manifestou-se uma flor branca.

Em seguida visitamos o *gompa* de 33 metros de altura, onde se encontra a *stupa* com as relíquias e os restos funerários do X Panchen Lama. As paredes estão cobertas de afrescos que narram sua biografia. A obra foi concluída em 1993. A *stupa* tem 11,5 metros de altura e 440 quilos de ouro.

O X Panchen Lama nasceu no Tibete em 1938. Aos três anos, ele foi reconhecido como a reencarnação do IX Panchen Lama. Mesmo depois da ocupação chinesa, ele permaneceu no Tibete, para assim poder ajudar seu povo. Ele faleceu no dia 28 de janeiro de 1989.

Visitamos outra *stupa* enorme, de 27 metros de altura, com as relíquias e os restos funerários do IV Panchen Lama. Essa *stupa* foi construída em quatro anos, após o seu falecimento em 1662. Ela contém 80 quilos de ouro, uma tonelada de prata, 39 toneladas de bronze, mais de 7 mil pedras preciosas e 10 mil metros de seda. Toda essa exuberância mostra o respeito e a devoção que a linhagem Guelupa tinha por esse mestre, reconhecendo nele uma emanação do próprio Lama Tsong Khapa.

Lobsang Chökyi Gyaltsen, o IV Panchen Lama, nasceu em 1570. Em 1604, quando já era abade do Monastério de Tashi Lumpo, ele viajou para o Monastério de Drepung, onde, além de passar muitas instruções sobre os Sutras e Tantras ao IV Dalai-Lama, concedeu-lhe sua ordenação monástica. Após a morte do IV Dalai-Lama, o próprio Lobsang Chökyi Gyaltsen responsabilizou-se pela busca de sua reencarnação, tendo-a encontrado em 1622. O V Dalai-Lama, que depois se tornou o governante do Tibete, recebeu também de Lobsang Chökyi Gyaltsen muitos ensinamentos e, mais uma vez, sua ordenação monástica. Como uma forma de demonstrar gratidão ao mestre, ele então lhe deu o título de Panchen Lama, que depois, retroativamente, passou a ser usado também para as suas encarnações anteriores.

Em um outro templo, visitamos a *stupa* do I Dalai-Lama, com 3,3 metros de altura. Ao seu lado, um pouco menor, está a *stupa* de Panchen Zangpo Tashi, construída em 1478. Zangpo Tashi foi uma das encarnações precedentes de Lama Gangchen Rimpoche. Por sua *stupa* estar ao lado da *stupa* do I Dalai-Lama, podemos imaginar o quanto eram próximos em vida. Zangpo Tashi foi o fundador do Monastério de Gangchen, que foi reinaugurado ontem.

Visitamos em seguida um templo de quatro andares onde está uma *stupa* de 12 metros de altura, com as relíquias e os restos funerários do V ao IX Panchen Lama. Esse templo foi construído sob a supervisão do X Panchen Lama, tendo sido concluído em 1988. As *stupas* originais do V ao IX Panchen Lama foram destruídas durante a Revolução Cultural na década de 1970. O X Panchen Lama, então, decidiu construir esse templo para nele colocar os restos das *stupas* destruídas. Ele faleceu um mês depois que o templo ficou pronto.

O momento auge de nossa visita a Tashi Lumpo foi a visita ao *gompa* principal, o Templo de Shakyamuni, onde são realizadas as cerimônias. Construído na metade do século XV, com 580 metros quadrados, é um lugar onde há mais de 600 anos reza-se todos os dias! Nesse templo há uma estátua de 3 metros de altura de Buddha Shakyamuni, ao lado da qual estão as estátuas do I Dalai-Lama e do IV Panchen Lama.

Pudemos participar de uma cerimônia com muitos monges. Não sei se todos os 860 monges residentes estavam presentes, mas com certeza havia mais de quinhentos. Alguns já eram bem idosos, mas grande parte deles eram jovens.

Esses *gompas* são escuros, iluminados por pouca luz elétrica e muitas lamparinas com manteiga de iaque. O aroma de incenso de ervas é suave, enquanto o canto dos monges é forte e dinâmico, sempre acompanhado pelo som dos oboés, címbalos e tambores. Eles também usam uma trombeta com a forma de um longo telescópio, com mais de 3 metros de comprimento. Seu som é extremamente grave. Enquanto cantam assim, em voz alta e firme, os monges balançam o corpo para os lados, embalando-o no ritmo da melodia.

Tivemos a rara oportunidade de estar presentes nessa cerimônia apenas porque estávamos com Lama Gangchen Rimpoche. Em geral, não é permitida a entrada de turistas.

Lama Michel entrou no *gompa* e fez três prostrações. Em seguida, presenteou cada monge com um incenso trazido do Nepal. Lama Gangchen chegou depois, fez suas prostrações e passou diante dos principais altares oferecendo uma *kata*. Em seguida, junto com Lama Michel, distribuiu para cada monge uma doação em dinheiro e um livro com os preciosos ensinamentos de Panchen Zangpo Tashi, escrito há quinhentos anos. Em agosto de 1999, Lama Gangchen publicou em Pequim 3 mil cópias desse livro, que agora estava oferecendo pessoalmente.

À tarde voltamos ao Monastério de Tashi Lumpo para visitar a construção da clínica médica, patrocinada por Gangchen Rimpoche. Na sala onde estão os remédios da clínica, que já está em funcionamento, senti o perfume das ervas medicinais com as quais eles são feitos. Como é bom sentir cheiro de natureza nos remédios! Nessa clínica pratica-se tanto a medicina alopática como a medicina tibetana tradicional. A medicina tibetana baseia-se também nos ensinamentos do Budismo e em seu conhecimento profundo da relação interdependente entre o corpo e a mente.

Quando saímos da clínica, encontramos um dos antigos pintores de Tashi Lumpo. Hoje ele tem 78 anos.

Encontramos também um outro monge muito velho, que repetiu junto com Gangchen Rimpoche alguns mantras. Imagino que para eles esses encontros de poucos segundos tenham um valor muito grande. Eles, que já passaram por tantas mudanças difíceis, devem ficar felizes de reencontrar os Lamas que foram para o Ocidente.

Em seguida fomos até a escola que prepara os meninos para ser monges. Sempre que tive a oportunidade de estar com Gangchen Rimpoche visitando uma classe de jovens monges, divertimo-nos quando ele lhes ensina o mantra *om ara pa tsa nadi di di di*. As crianças começam a recitar o mantra em voz muito alta, com toda a sua energia. Dessa vez também foi assim.

Rimpoche e Lama Michel se sentaram no chão, frente a frente, no meio das crianças. Fiquei emocionada ao ver o olhar de profundo amor de Gangchen Rimpoche para Lama Michel, que, ao recebê-lo, fechou os olhos e se manteve concentrado. Fazia pouco havíamos encontrado os monges idosos, testemunhas da sobrevivência do Budismo no Tibete no decorrer destes últimos anos. Agora, diante das crianças e desse olhar, senti a esperança de um futuro para os ensinamentos dessa valiosa tradição.

Depois, a poucos quilômetros de distância do monastério, visitamos o Palácio de Verão do Panchen Lama, construído em 1950. Eu já havia visitado esse palácio há três anos, quando ele era uma espécie de museu. Hoje o palácio está habitado novamente, pois Gyaltsen Norbu, o XI Panchen Lama que foi reconhecido em 1995, vive nele quando vem a Shigatse. Atualmente ele vive em Pequim.

Normalmente, dois anos após o falecimento de um mestre, os discípulos começam a procurar os sinais que indicarão onde ele renasceu. Eles consultam oráculos e seguem os sinais deixados pelo mestre antes de falecer, como, por exemplo, a direção para onde foi a fumaça durante sua cremação. Os discípulos mais próximos recebem sinais em sonhos.

Três meninos que possuem qualidades especiais são selecionados e, diante da estátua Jowo do Jokhang, o nome de um deles é sorteado. Seus nomes são escritos em varetas então colocadas em um jarro de ouro. Enquanto se entoam rezas, o jarro é girado muitas vezes, fazendo com que uma das três varetas salte para fora primeiro. Dessa forma, no dia 29 de novembro de 1995, Gyaltsen Norbu foi reconhecido como o XI Panchen Lama.

Gangchen Rimpoche nos instruiu para fazermos silêncio durante os intervalos das rezas, cultivando assim respeito e introspecção. Caminhamos pelas várias salas e templos. Em um dos quartos, vimos a pequena bicicleta do atual Panchen Lama, uma marca de sua presença.

Depois fomos novamente muito bem recebidos pelos monges, que nos ofereceram chá-preto com leite, balas e biscoitos. Gangchen Rimpoche nos contou, então, que em 1987 esteve duas vezes nesta mesma sala, onde foi recebido pelo X Panchen Lama. A primeira vez com mais de duzentas pessoas e a segunda apenas com seus discípulos, quando S. S. o Panchen Lama ofereceu a todos vários presentes. Ele presenteou Rimpoche com lindos brocados especiais para roupas de Lamas. Esse foi também o presente oferecido ontem na inauguração do Monastério de Gangchen em nome do XI Panchen Lama.

Em 1987, na primeira vez em que Gangchen Rimpoche retornou ao Tibete depois de 26 anos no exterior, ele encontrou o X Panchen Lama em Lhasa. Eles vieram juntos para Shigatse e, depois, foram para o Monastério de Gangchen. Essa viagem mostra a conexão direta de Gangchen Rimpoche com a linhagem dos Panchen Lamas e, assim, com o Monastério de Tashi Lumpo, com a Terra Pura de Sukavati e com Shambala, um mundo de Paz interior e exterior.

Rimpoche finalizou dizendo: "Estou lhes apresentando nossa linhagem; devemos sempre nos lembrar que temos muitos amigos no Tibete".

Para os praticantes do Budismo Tibetano a linhagem é algo muito importante. Ela é a transmissão oral dos ensinamentos de mestre para discípulo, pela qual as bênçãos do desenvolvimento espiritual dos mestres podem ser recebidas. Esses ensinamentos deixam então de ser apenas palavras, pois transmitem seu significado também em um nível energético sutil. De fato, como explica Lama Gangchen, não é muito fácil para os ocidentais entender e acreditar que a linhagem é a chave para destrancar nossa sabedoria intuitiva.

Lama Gangchen escreve em seu livro *Fazendo as pazes com o meio ambiente*: "Não se pode comprar a linhagem com dinheiro. Quem quiser ter acesso a ela precisa ter uma boa relação kármica com o Lama curador, méritos, sabedoria, determinação, interesse, energia e paciência para permitir que a energia e experiência de conhecimento desenvolvam-se e amadureçam em seu corpo e mente, além de um intenso sentimento de cuidado e dedicação aos outros. É preciso ter um sentimento de responsabilidade pessoal em relação ao recipiente e seu conteúdo, o meio ambiente externo e interno e os outros seres vivos. É preciso desejar ajudar os outros a resolverem seus problemas nos níveis grosseiro, sutil e muito sutil, introduzindo idéias novas e positivas na sociedade moderna".

Quem já conheceu pessoalmente Gangchen Rimpoche *sabe* por que ele é conhecido por seu método de "Louca Sabedoria". Ele é sempre muito aberto, espontâneo, afetivo e brincalhão. Como não segue os padrões geralmente tidos como "tradicionais", às vezes pode nos levar a pensar que não esteja comprometido com as tradições de sua linhagem!

A Louca Sabedoria, porém, é uma tradição no Oriente. Ela remete à figura dos Mahasiddhas, grandes meditadores ou iogues que ensinavam o Dharma de uma forma não-ortodoxa. Gangchen Rimpoche, em sua linhagem de reencarnações prévias, mais de uma vez manifestou-se como um Mahasiddha.

Pensando sobre isso lembrei de um trecho de seu livro *Autocura Tântrica III*, em que ele explica isso com suas próprias palavras: "Estou ensinando de uma forma diferente para a sociedade moderna, mas espero que meus amigos do Ocidente e do Oriente possam continuar a respeitar e a apoiar as grandes universidades monásticas Guelupa de Sera, Ganden, Drepung, Tashi Lumpo, as duas faculdades tântricas etc.; e também os centros de retiro e universidades monásticas de todas as outras linhagens. Isso é muito importante. Peço do fundo do coração aos Lamas e monges que mantenham suas tradições, linhagens e energia interna muito bem, pois eles estão guardando coisas muito poderosas e preciosas para este mundo".

Na mesma entrevista que assisti de Alfredo Sfeir-Younis gravada por Andréa Velloso, ele define Gangchen Rimpoche muito bem:

"Quando conheci Lama Gangchen, percebi sua capacidade de ser completamente não-dogmático. Sua postura é: 'meu conhecimento pode ser útil para algo'. É um ato de generosidade, que oferece o conhecimento sem pedir nada em troca. O conhecimento é a fonte de tudo o que fazemos; sem ele não construímos nada".

"Sua filosofia me deu a conexão entre o exterior e o interior (essa era uma pergunta que eu me fazia muito em meu pensamento, com relação às teorias da Economia: é possível que haja uma resposta interior? É possível encontrarmos uma resposta sobre como transformar o exterior a partir do interior?). O grande valor dos ensinamentos de Gangchen Rimpoche é mostrar que não há mudança concreta exterior sem a mudança interior. O exterior é o espelho do interior. Portanto, seremos capazes de conhecer uma forma de transformar o exterior através do interior. É um trabalho de transformação dos conceitos da nossa Economia".

"É impressionante sua incessante dedicação ao trabalho para a paz no mundo, entregando toda sua mente e energia para isso sem nenhum outro interesse. Ele mostra que a raiz da paz exterior é também a paz interior".

"Seu conhecimento é universal, não-dogmático. Nunca me pediu para pertencer ao seu grupo. O conhecimento que está oferecendo ao mundo é completamente universal, não discrimina classe, nação, credo, ideologia, nada. Fala o mesmo em Pequim, em Nova Iorque ou no Nepal".

"É um verdadeiro mestre. O verdadeiro mestre é aquele que transforma. Não lhe pede nada, não deseja impor nenhuma regra ou conhecimento dentro de você, não exige nada. Sua simples presença é uma presença transformadora. Seus livros são uma experiência transformadora".

"Ele é muito simples para explicar coisas que achamos ser complexas. Porque a realidade é simples. Um mestre que realmente entende sabe passar dessa forma".

"Na minha forma de entender, ele me mostrou que os principais problemas do mundo são problemas éticos, e não materiais. O grande desafio é esse. Com que princípios éticos guiar a economia, a educação, a medicina, a ciência etc. (como e para que usamos o que desenvolvemos nessas áreas). Ético, na espiritualidade, não deve significar se colocar a favor de um lado ou de outro. Lama Gangchen tem essa virtude de se dispor a passar seu conhecimento e a inspirar esse fundamento ético onde quer que se encontre, em qualquer situação ou país: na China, no Chile, no Brasil, nos Estados Unidos etc. Sua postura é totalmente universal".

Amanhã teremos mais um dia no Monastério de Gangchen. Espero poder espalhar junto com Lama Michel as cinzas que venho carregando todo esse tempo. Dessa forma, elas receberão muitas bênçãos e, amanhã, conforme previsto, serão jogadas do alto de uma montanha atrás do monastério. Como Rimpoche nos explicou no primeiro dia, essas montanhas são sagradas!

Tashi Delek!

Shigatse,
17 de agosto de 2000.

Hoje partimos cedo para o Monastério de Gangchen. Como tem chovido muito à noite, os campos estão cada dia mais verde, e a estrada, cada dia pior... Num certo trecho, o ônibus tem de atravessar três riachos, um depois do outro. É sempre um momento de tensão para nós, que passa logo, pois aprendemos a relaxar, como os motoristas. De tão acostumados com as dificuldades, nunca demonstram estar preocupados com qualquer tipo de problema: atolar, enguiçar ou furar o pneu simplesmente faz parte da viagem. O ônibus atolou e nós tivemos de andar um bom trecho até o monastério.

Num certo ponto do caminho, parei e olhei à minha volta. Fiz um giro de 360 graus e me dei conta de que estava no centro do maior círculo em que já estive em toda minha vida. Era muito espaço cercado de montanhas. Tive uma súbita sensação de bem-estar e alegria. Com a câmera de vídeo, filmei lentamente enquanto dava uma volta de 360 graus. Depois fiquei sabendo pelo motorista que a distância de uma montanha a outra é de 16 quilômetros! Portanto essa era a medida do raio do círculo onde eu estava!

No Tibete, aprendemos literalmente a relaxar na amplidão. Gangchen Rimpoche está nos ensinando já há alguns anos os cinco elementos: a terra, a água, o fogo, o vento e o espaço. Ele nos explica que, atualmente, temos muito pouco espaço, externo e interno. Geralmente temos dificuldades em lidar com o elemento espaço. O pânico, por exemplo, é a sensação de não ter uma "saída", de não ter espaço interno nem externo. Temos de aumentar a sensação de amplidão, dentro e fora de nós.

Com essas palavras, Rimpoche nos lembrou como o Tibete é uma oportunidade para conhecermos melhor as qualidades do elemento espaço: "Vocês devem levar para casa essa sensação de espaço amplo. Se não aproveitarem esta viagem para interiorizar esse sentimento de espaço, terão feito dela só um belo turismo...".

Durante a manhã fizemos várias práticas de meditação na Casa de Retiros. Meditar é habituar a mente a um objeto positivo, tanto pensando sobre ele como concentrando-se nele de forma unidirecionada. Quando meditamos, relaxamos o nosso mundo interno, ampliando-o.

À tarde fomos visitar o cemitério de Gangchen, que está nas montanhas, a poucos quilômetros atrás do monastério. Quando chegamos ao topo da montanha, aquela sensação que tive de estar cercada por um imenso espaço se repetiu. Antes eu estava num vale cercado de montanhas e, agora, num pico muito alto, rodeado de espaço livre.

Como é verdadeira a idéia de que não estamos familiarizados com a experiência de ter muito espaço à nossa volta! Observei isso assim que chegamos ao topo da montanha. Nós nos sentamos todos bem juntos uns dos outros, mesmo com tanto espaço em torno.

Lama Michel sugeriu que fizéssemos uma meditação em silêncio, refletindo sobre o significado de estar ali. Um cemitério nos faz pensar sobre a impermanência, o processo de evolução e decadência de todos os fenômenos. Por essa razão, muitos iogues escolhiam o cemitério como o melhor lugar para meditar. Eles investigavam, como os cientistas quânticos, como se dá o fluxo das mudanças. Eu estava com as caixas das cinzas que havia trazido do Brasil em minhas mãos, o que tornava mais forte em mim essa vontade de meditar.

Quem me conhece sabe o quanto eu gosto de refletir sobre a morte! Acho que vejo a morte como os pescadores vêem o mar: com respeito e gratidão. Aprendi a enxergá-la como um referencial que pode nos ajudar a nos reconectarmos com a vida. A simples lembrança de que podemos morrer a qualquer momento desperta em nós a vontade de tornar nossa vida significativa agora mesmo. Passamos a saborear os pequenos prazeres, as pequenas realizações.

Quando confrontamos nossa própria morte, ou a de outros, o que é mais essencial em nosso coração vem à tona. Já não queremos mais perder tempo com discussões que não levam a nada, e sentimos necessidade de dirigir a nossa energia vital para o que é de fato sincero e importante. Quando encontramos pessoas que queiram compartilhar essa troca de sinceridade, temos experiências de profundo afeto. Eu até diria que nesses momentos podemos sentir o que chamamos de "amor incondicional", pois já não temos mais nada a perder e estamos abertos para viver o momento presente como único e precioso. Podemos, então, enxergar a morte como uma experiência boa, que gera energia positiva para quem vai e para quem fica.

Aceitar de coração, e não apenas racionalmente, que podemos morrer a qualquer momento requer uma compreensão maior de nossa condição como seres humanos. Essa aceitação profunda não é passiva nem acontece de imediato: é preciso dedicar-se a ela. Precisamos primeiro ser compassivos com as nossas próprias resistências, para podermos depois criar a autoconfiança que nos levará além delas.

O fato de estar no topo de uma montanha e ver muito mais longe do que o habitual nos ajuda a lembrar o quanto é vasto o espaço à nossa volta. Esse sentimento nos faz sair de uma visão míope e pequena de estarmos sozinhos no mundo.

Entreguei as caixas com as cinzas para Lama Michel. Com delicadeza, ele desenrolou as *katas* que as fechavam e abriu-as. Há menos de dois meses, ainda em São Paulo, ele havia feito uma longa cerimônia de purificação dessas cinzas na presença dos familiares das pessoas que haviam morrido. Hoje eles tornaram-se amigos queridos, com quem compartilhei a experiência de dar um sentido maior à dor provocada pela morte de alguém que se ama muito.

Fizemos em grupo a prática de meditação Autocura Tântrica II. Cantando mantras e fazendo mudras (gestos), purificamos nossas energias grosseiras e sutis do corpo e da mente. Depois, Lama Michel e Lama Caroline lançaram as cinzas ao vento enquanto recitávamos as rezas de purificação dos elementos. Por alguns segundos, observei ao longe um menino tibetano recolhendo um rebanho de ovelhas. Ele gritava com elas, jogando pedras com seu estilingue. Observá-lo naquele contexto me fez lembrar a espontaneidade da força de levar adiante a vida.

Enquanto contemplava o menino, eu me sentia cada vez mais leve. Aliás, esse é outro segredo que aprendi ao lidar com a morte: não cultivar uma espécie de solenidade que possa causar sensação de peso. Podemos levar a sério nossa experiência e estar leves ao mesmo tempo. Depois de recitarmos o mantra *om mani peme hung* inúmeras vezes, dedicamos a energia positiva acumulada. Pensei com gratidão nos amigos que me confiaram trazer essas cinzas de pessoas que foram muito importantes para eles.

Ainda tocada pela cerimônia, no caminho de volta peguei um pouco de terra pensando em compartilhá-la com alguns amigos. Fiquei impressionada ao notar como a terra do Tibete se parecia com aquelas cinzas. Michel e eu viemos juntos, conversando: idéias de mãe para filho e de filho para mãe. Um momento raro em que cada um fala sem pressa sobre seus sentimentos. Enquanto caminhávamos, eu pegava do chão algumas pedras pelas quais sentia uma atração especial. Trago-as comigo. Cada uma delas me lembra uma parte da conversa.

Gostaria de contar um pouco mais sobre os costumes tibetanos, ligados à filosofia budista, em relação ao nascimento e à morte. São particularmente diferentes dos nossos!

Quando uma criança nasce, são realizadas diversas cerimônias. Tanto nas famílias ricas quanto nas pobres, o nascimento de uma criança é recebido com grande alegria. Eles acreditam que a criança escolheu essa família para nascer. O nome é escolhido pelo astrólogo, de acordo com o dia e a hora do nascimento. Receber de um Lama o nome de uma criança é uma grande honra para a família. Como os tibetanos não comemoram o aniversário, em geral nem sabem o dia de seu nascimento. Por isso, em fevereiro, na passagem para o ano novo tibetano, todos passam a contar que ficaram um ano mais velhos.

Quando os tibetanos morrem, são feitos rituais fúnebres muito diferentes dos nossos. Um astrólogo é consultado para saber qual é o melhor dia para o funeral e quem o conduzirá. Como a cremação só é possível nos lugares onde a lenha é abundante, e como eles não possuem o costume de enterrar o cadáver, desde o século XII até poucas décadas atrás praticavam um ritual introduzido por um iogue indiano.

Esse ritual se chama Jo-goassr, que significa "alimentando os pássaros". Parece que ainda hoje praticam o Jogoassr, mas com certeza, depois da Revolução Cultural, cada vez menos. Na madrugada do dia escolhido para o funeral, cinco familiares mais próximos do falecido, dois Lamas e um *ragyara*, o responsável pelos rituais com o corpo, levam o cadáver para o cemitério. Um cemitério tibetano é um lugar muito diferente da imagem que temos de um cemitério ocidental, pois não há túmulos, apenas uma grande pedra com uma faca, colocada verticalmente em cima dela. Com ela, o *ragyara* corta o corpo em pedaços, que, misturados com cevada, são oferecidos aos pássaros predadores.

Se os pássaros rejeitam a carne oferecida, isso é visto como um sinal de maus auspícios para a vida futura do falecido. Os Lamas presentes, então, realizam cerimônias especiais e, pouco depois, os pássaros voltam para comer a carne oferecida. Sem dúvida, para nós, ocidentais, é um choque ouvir essa descrição. Mas, se pensarmos mais friamente, é um ato ecologicamente correto.

Quando estávamos quase chegando de volta ao monastério, Andréa Velloso nos ofereceu um monte de papeizinhos impressos com rezas e desenhos de cavalos Lung-ta, portadores de boa sorte. Com esses papeizinhos fizemos um pequeno ritual tibetano para ajudar a concretizar nossos projetos. No alto de uma montanha, lançamos ao vento os papeizinhos, para assim eliminar as más influências astrológicas e aumentar a energia vital, saúde, força interior e capacidade de realização. Essas são as qualidades representadas pelo cavalo Lung-ta, o Cavalo de Vento.

O grupo estava todo reunido. Cada um tinha na mão direita um montinho desses papeizinhos. Cantamos a sílaba "So" num crescendo, duas vezes, e em seguida recitamos bem alto *Ki Ki So So La Guia Lo,* enquanto jogávamos os papéis para cima. Assim, o vento leva os Cavalos de Vento e suas rezas para as dez direções. Esse é um ritual popular tibetano que pode ser feito por qualquer pessoa em qualquer montanha.

Quando voltamos ao monastério, recebemos de Lama Gangchen Rimpoche a iniciação de Guyasamadja. Como Rimpoche disse quando avistamos o monastério pela primeira vez, "Ele é como uma porta de entrada para as montanhas sagradas, que representam os mandalas de Guyasamadja, Heruka e divindades tântricas".

Lama Gangchen define uma iniciação como um "passaporte" para entrar no caminho tântrico. O passaporte é emitido pelo Guru por meio da intenção e concentração, tanto dele como do discípulo. Em inglês, essa cerimônia se chama *empowerment*, que significa "transferência de poder". De qualquer forma, é uma bênção, um início, uma semente que precisamos cultivar se queremos despertar nossas qualidades latentes.

A prática de Guyasamadja pertence ao Ioga Tantra Superior, como já expliquei quando contei sobre a visita ao Monastério de Ganden. Há dois anos nós a praticamos por meio de uma meditação que Gangchen Rimpoche elaborou para os ocidentais: a Automassagem de Cristal. A Automassagem de Cristal pode nos ajudar a cuidar tanto de nosso corpo grosseiro como do sutil, nossa aura. O corpo sutil é como uma montanha de jóias preciosas; cada parte dele pode ser uma fonte de muito prazer e energia. Temos 32 pontos de energia latente que podem se tornar manifestos, por meio da sua visualização, dos mantras e mudras (gestos) correspondentes.

Os mudras são gestos associados aos Buddhas. Eles são utilizados nas meditações para criar uma ligação com a energia do Buddha sobre o qual estamos meditando, recitando mantras e fazendo visualizações. No caso da Automassagem de Cristal, usamos os mudras para despertar esses 32 pontos de energia em nosso corpo sutil. Não se trata, portanto, de uma massagem de toque direto.

Guyasamadja, que literalmente significa "A Assembléia Secreta", é uma das principais divindades do Ioga Tantra Superior. Apesar de essa prática ter sido ensinada por Buddha Shakyamuni, seus textos foram escritos originalmente no século IV de nossa era. São, portanto, os textos mais antigos do Budismo Tântrico. O próprio Lama Tsong Khapa dedicou muitos comentários a essa meditação, que, como já contei, foi a prática pela qual ele atingiu a Iluminação.

Antes de começar a iniciação, Rimpoche nos lembrou que a prática com essa divindade é feita nesse monastério desde sua fundação, isto é, há seiscentos anos. A maneira como estamos praticando, porém, foi elaborada por ele para os ocidentais, pensando em torná-la acessível à nossa mentalidade.

Amanhã será o nosso último dia no Monastério de Gangchen. Haverá uma Cerimônia de Longa Vida para Gangchen Rimpoche e, à tarde, vamos visitar um dos monastérios mais antigos do Tibete: Shalu.

Tashi Delek!

SHIGATSE,
18 DE AGOSTO DE 2000.

Hoje é o nosso último dia no Monastério de Gangchen. Sem dúvida, o melhor que podíamos fazer era rezar pela longa vida de nosso mestre. É um costume do Budismo Tibetano fazer cerimônias dedicadas a proporcionar uma longa vida a um Lama, pedindo que ele permaneça por muito tempo neste mundo transmitindo seus ensinamentos. Quando rezamos por sua longa vida, estamos também nos comprometendo mais uma vez a continuar praticando seus ensinamentos.

Vieram mais de dez monges do Monastério de Tashi Lumpo para realizar essa cerimônia, com todos os instrumentos musicais tradicionais. O estilo de música dos rituais budistas deve ser tão antigo quanto a própria história do Budismo no Tibete. Acredita-se que as belas melodias entoadas nesses rituais tenham sido transmitidas aos iogues por *dakinis*, seres celestiais das Terras Puras, durante suas meditações.

A música tibetana, tanto cantada como tocada, produz modulações ricas em harmônicos, assim como em rituais de outras culturas xamanistas, de índios brasileiros ou de aborígines australianos. Os "harmônicos" (em inglês, *overtone*) são vibrações sonoras que incluem "infra-sons" e "ultra-sons", ou seja, vibrações de sons que reverberam dentro de um mesmo som.

Na época em que me dediquei à musicoterapia, aprendi que o poder de cura sutil de uma música está na presença desses harmônicos. Tudo o que vibra é som, até mesmo nossas células! Este ano assisti a uma palestra de Fabien Maman, um musicoterapeuta francês que pesquisou o poder de cura dos sons com harmônicos em relação às células cancerígenas. Pudemos ver *slides* de fotos Kirlian tiradas dessas células antes e depois de terem sido expostas aos sons com harmônicos; elas explodem de dentro para fora com a exposição ao som.

A vibração dos harmônicos funciona como uma cadeia de sons que "abrem caminho". Cada sonoridade participa da precedente e gera a próxima, desobstruindo o campo magnético em volta de nosso corpo tão congestionado pela poluição sonora, pelas ondas de rádio, celulares e antenas de televisão da cidade!

Quando recitamos os mantras em voz alta, criamos um campo magnético à nossa volta que nos ajuda a regenerar as forças vitais e a manter a concentração na meditação. Recitando os mantras internamente, sentimos o efeito de proteção e inteireza. Aliás, "mantra" significa literalmente "proteção da mente".

O som do mantra desperta as energias curativas que já estão presentes dentro de nós, porém inativas. Na tradição budista, essas forças positivas são caracterizadas como divindades: cada divindade personifica um ensinamento, uma qualidade que é parte integrante da experiência da Iluminação. As divindades evocadas pelo mantra não são uma espécie de personalidade; são forças transformadoras acionadas pelas visualizações das divindades e dos símbolos que as representam. Recitar mantras é uma prática especialmente valiosa nos dias de hoje, porque é simples e direta. Precisamos apenas relaxar e repetir o mantra, em voz alta ou em silêncio. Visualizar a divindade do mantra intensifica o seu poder de cura. Lama Gangchen Rimpoche escreve no seu livro *Autocura III*: "Quando recitamos um mantra, usamos essas chaves de sabedoria para nos sintonizarmos com o fluxo cósmico de energia absoluta de cristal puro, que é a realidade subjacente a todos os fenômenos do nosso mundo relativo cotidiano".

Nesse dia, pudemos sentir a vibração de alguns instrumentos musicais típicos dos rituais budistas do Tibete como, por exemplo, o *Gyaling*, um instrumento de palheta parecido com o oboé. Ou o *RagDong*, uma enorme trompa de metal com cerca de 2,5 metros de comprimento. Ouvimos também o *Rolmo*, pratos de bronze com mais ou menos 20 centímetros de diâmetro, e o *Gna*, grandes tambores suspensos lateralmente por uma vara e percutidos com uma baqueta.

Os familiares de Gangchen Rimpoche também estavam presentes. A maioria de nós estava mais introspectiva. Com o passar dos dias, as pessoas do grupo já haviam se aproximado umas das outras, já estavam mais relaxadas; mas hoje particularmente notei que havia mais gentileza entre todos. Acho que uma das razões era o fato de estarmos todos tocados por ser o último dia no Monastério de Gangchen.

Uma das frases do livro *Oráculo* de que eu mais gosto sobre o mestre é: "O Mestre interno será encontrado assim que tivermos eliminado nosso sofrimento através da ajuda do Mestre externo, pois é conhecendo a natureza de nossa mente que encontramos a chave para confiar em nós mesmos e ser totalmente responsáveis por nossa felicidade".

Está viajando conosco o Dr. Charles Mercieca, presidente da International Association of Educators for World Peace (Associação Internacional de Educadores para a Paz Mundial). Depois que a cerimônia foi concluída, ele entregou para Gangchen Rimpoche três prêmios em nome da associação, reconhecendo seus esforços em todo o mundo para promover o entendimento internacional e a paz mundial por meio de um diálogo saudável, da proteção ambiental e da educação não-formal sobre a paz.

Almoçamos no monastério e, antes de o ônibus partir, corri para tirar as últimas fotos dos monges no templo e me despedir deles. Recebemos várias *katas* de despedidas. Havia no ar um clima de felicidade e melancolia ao mesmo tempo.

À tarde fomos com Lama Michel visitar o Monastério de Shalu, a 20 quilômetros a leste de Shigatse. Eu já havia estado ali três anos atrás. É um lugar onde se tem a sensação de que o tempo parou. Parece que nada mudou nestes três anos e nem vai mudar nos próximos. Reconheci o monge que nos recebeu também há três anos. Sua receptividade era tão semelhante à do primeiro encontro que tive uma sensação de *déjà vu*, ou seja, de já ter visto aquela cena.

Diferente dos outros monastérios, que, em geral, são construídos nas montanhas como vilarejos que se adaptam à sua geografia, Shalu parece uma fortaleza. Ele é plano, construído num enorme vale com plantações de cevada. A cor amarelo-dourada dos campos plantados faz um belo contraste com as montanhas ao fundo.

Shalu quer dizer "pequeno chapéu". Esse monastério foi fundado em 1027 por Djetsün Sherab Jungne, filho de uma nobre família da região oeste do Tibete. Fugindo de uma rebelião, ele encontrou refúgio em um pequeno templo onde vivia um importante Lama. Djetsün Sherab tornou-se seu discípulo e, tendo recebido dele seus votos de monge, decidiu fundar um monastério ao lado do pequeno templo de seu mestre. Ainda se encontra em Shalu uma *stupa* com os seus restos funerários.

Shalu é considerado por muitos o primeiro monastério da segunda fase do Budismo no Tibete. Em 1945, logo após sua fundação, Atisha, o grande mestre indiano que tanto contribuiu para o estabelecimento do Budismo nesse país, morou por três meses nesse monastério. Talvez vocês se lembrem de que falei sobre esse mestre no dia em que cheguei ao Tibete, quando visitamos o templo de Nye Tang Drolma, onde ele viveu os últimos anos de sua vida. Foi ele quem elaborou o método Bodhichitta para atingir a condição de mente iluminada. Seus ensinamentos tiveram uma profunda influência na Escola Mahayana.

Bodhichitta é a aspiração altruísta de atingir a Iluminação para o benefício de todos os seres. *Bodhi* significa "iluminação" e *chitta* significa "mente". A mente de luz, ou Bodhichitta, é cultivada com atitudes mentais como o amor e a compaixão em relação a todos os seres. Despertar nossa Bodhichitta gera muita energia, pois, tendo uma mente compassiva, não somos mais consumidos pelo nosso próprio egoísmo.

A época de maior desenvolvimento do Monastério de Shalu foi o século XIV, quando Butön Rinchen Drup foi seu abade. Nessa época viviam em Shalu 350 monges. Hoje vivem 23. Lama Michel perguntou a um dos monges a qual linhagem o monastério pertencia. O monge respondeu que ele tem sua própria linhagem, não pertencendo, portanto, a nenhuma das quatro grandes Escolas. Ele foi fundado antes que essas escolas se formassem. Consulte o glossário para saber mais sobre as escolas do Budismo no Tibete.

Butön Rinchen Drup foi um grande erudito do século XIV, tendo se tornado abade de Shalu em 1320. Atribui-se a Butön a primeira compilação de todos os textos do Budismo Tibetano. Esses textos, a tradução dos ensinamentos de Buddha Shakyamuni, acabaram sendo salvos das invasões muçulmanas na Índia por terem sido traduzidos para o tibetano.

Butön Rinchen Drup realizou a tarefa de ordená-los: compilou 227 volumes sobre os Sutras, os Tantras e a História do Budismo desde sua origem na Índia. Essa compilação se tornou uma fonte de inspiração de enorme importância para muitos religiosos, como Lama Tsong Khapa, por exemplo. A primeira edição foi impressa em pranchas de madeira, e ainda se encontrava em Shalu até pouco tempo atrás. Infelizmente, ela foi destruída pela Revolução Cultural.

A arquitetura desse monastério também é diferente da arquitetura típica tibetana. Em 1333, a construção sofreu grandes danos causados por uma enchente e, pouco depois, um imperador chinês financiou sua restauração. Ele enviou artesãos, telhas de porcelana esverdeadas e outros materiais de construção típicos do estilo chinês que podem ser vistos até hoje. Butön supervisionou toda essa reforma, e foi responsável também pela complexa iconografia dos mandalas pintados nas paredes. Em seus livros, ele descreve com detalhes todas as regras que aplicou na elaboração desses afrescos, assim como seus significados tântricos.

Um dos livros onde tenho encontrado muitas dessas informações é o *Tibet Handbook – a pilgrimage guide,* de Victor Chan. Vale a pena conferir. Ele cita que Butön Rinchen Drup foi quem criou o projeto arquitetônico e iconográfico da *stupa* de Gyantse Kumbum. Quando li essa informação, fiquei profundamente tocada, pois já sabia que essa *stupa* está ligada, em um nível sutil energético, à *stupa* de Borobudur, na Indonésia. Imagino que vocês não estejam compreendendo por que tudo isso me toca.

A prática de meditação Autocura Tântrica que Lama Gangchen Rimpoche elaborou em 1994 está profundamente ligada à *stupa* de Borobudur, na Indonésia, e à *stupa* de Gyantse Kumbum, construída no local de nascimento de Lama Tsong Khapa. Perto dela se encontra também o monastério que leva o mesmo nome, fundado em 1588 pelo III Dalai-Lama. O Monastério de Kumbum é um dos maiores da escola Guelupa.

Até então, sempre que eu lia algo a respeito da conexão de nossa prática de meditação com essa *stupa,* eu não entendia que ligação seria essa. Nesta viagem, aprendi que Atisha foi para Borobudur buscar os métodos sobre a Bodhichitta. Butön Rinchen Drup desenhou, no século XIV, as *stupas* baseadas na mesma estrutura. Concluí então que Shalu é um ponto de passagem de mestres que deixaram os conhecimentos que hoje praticamos na Autocura Tântrica II.

Perto da entrada do templo principal está uma grande bacia quadrada de pedra, que Sakya Pandita usou para raspar os cabelos quando se tornou monge, no século XIII. Lama Michel nos mostrou a bacia como algo importante. Lendo agora sobre ela, compreendi também a ligação dos tibetanos com a Mongólia, outro país que costumamos visitar com Gangchen Rimpoche. Em 1244, Sakya Pandita foi convidado pelo imperador mongol para ir à Mongólia. O convite tinha como intenção subjugar politicamente o Tibete à Mongólia. O imperador mongol, porém, ficou tão impressionado com Sakya Pandita que acabou se convertendo ao Budismo, e pediu a ele que fosse seu mestre. A partir desse momento, o Tibete e sua religião passaram a ser protegidos pela Mongólia, enquanto seus Lamas eram chamados para ser sacerdotes e mestres na corte desse país. Um desses Lamas, Pakpa Lödro, além de preceptor da corte, recebeu do imperador mongol também a incumbência de ser o governante do Tibete. Muitos consideram que essa seja a origem da teocracia tibetana, a união entre o poder espiritual e secular que mais tarde se consolidou com a linhagem dos Dalai-Lamas.

O monastério compreende um pátio externo quadricular com o prédio do templo à sua frente, também na forma de um quadrado. Como já citei, ele parece uma fortaleza e possui grandes paredões à sua volta. Nos corredores de dois andares do pátio externo estão afrescos com os Oito Símbolos Auspiciosos, as Oito Jóias

Preciosas, as Sete Jóias Secundárias e os Seis Símbolos de Longa Vida.

Como já descrevi as Oito Jóias Preciosas, achei interessante descrever também esses outros símbolos que encontrei nesse monastério. As Sete Jóias Preciosas Secundárias são outros adereços que um Chakravartin, ou rei do universo, usa para realizar suas tarefas de governante. Essas jóias são: a espada, a pele de animal, o assento, o jardim, a casa, a roupa e as botas.

A Espada Preciosa serve para despertar o respeito dos outros seres sem, no entanto, causar nenhum mal a eles. A Pele Preciosa é a pele de uma serpente marinha (*naga*). Ela serve para proteger o corpo do governante: não se molha na chuva, não pode ser queimada pelo fogo, mantém o corpo quente nos dias de frio e fresco nos dias de calor. O Assento Precioso é o local onde a absorção meditativa se desenvolve, trazendo total clareza à mente.

O governante pode escolher também meditar no Jardim Precioso. Por meio de sua meditação, ele o transforma em um jardim de prazeres para os sentidos, com belas flores e pássaros, frutas deliciosas e deusas da música e da dança. Sua Casa Preciosa também possui qualidades especiais. Dentro dela, podem-se ver a Lua e as estrelas à noite, e o sono só traz sonhos agradáveis. A Roupa Preciosa garante que quem a veste não sinta frio, calor, fome ou sede. Com as Botas Preciosas, o Chakravartin nunca afundará em terrenos lamacentos e, por mais que ande, não sentirá nenhum cansaço.

Os símbolos de Longa Vida são a Rocha de Longa Vida, a Água de Longa Vida, a Árvore de Longa Vida, o Homem de Longa Vida, os Pássaros de Longa Vida e os Antílopes de Longa Vida. Eles geralmente aparecem numa ilustração com uma composição determinada. O Homem de Longa Vida é um meditador idoso, de barba branca e comprida, que, embaixo de uma árvore, faz uma cerimônia de oferenda de água. Ele está num lugar abençoado por Buddhas e Bodhisattvas, onde se manifestou uma montanha rochosa indestrutível e imutável como a mente iluminada.

Dessa rocha jorra continuamente uma água pura que contém a sua essência. Esse néctar da imortalidade fecunda a terra e, assim, dá origem à Árvore de Longa Vida. Embaixo dela, o meditador faz um ritual totalmente concentrado em seu estado de Iluminação. Os antílopes que estão perto, por terem comido o que o homem ofertou, terão uma vida extremamente longa. Os pássaros, tendo bebido da água sagrada, atingirão a imortalidade.

Esses afrescos são do século XIV. Ainda estão bem preservados, apesar de esse monastério ter sofrido muitos danos com a Revolução Cultural Chinesa.

Quando entramos no templo principal não havia luz elétrica. Ele estava iluminado apenas pelos vários candelabros do altar e três grandes potes de vela de meio metro de diâmetro à sua frente. Como Lama Michel tinha uma lanterna, conseguimos enxergar um pouco das antigas *tankas* penduradas nas paredes. Na altura do teto, pequenas janelas iluminavam várias *tankas* dos 84 Mahasiddhas, que viveram na Índia por volta do século VIII, evidenciando a conexão de Shalu com práticas espirituais esotéricas. Os Mahasiddhas são sacerdotes tântricos famosos pelos poderes sobrenaturais que desenvolviam por meio de suas meditações. Os 84 que citei são os mais conhecidos.

Nenhum deles seguiu a vida monástica ortodoxa. Quase sempre viveram de forma nada convencional, ligados a seitas secretas e vindos de todas as classes sociais. Um Mahasiddha podia ser um rei, um monge, um servo ou uma prostituta. Eles são retratados com cabelos muito compridos, usando ornamentos estranhos.

Para termos uma idéia sobre a vida de um Mahasiddha, vou contar a história de Darikapa, um desses 84 Mahasiddhas que foi uma encarnação passada de Lama Gangchen Rimpoche.

Um dia, o rei hindu Indrapala, voltando de uma caçada, viu seus súditos prostrando-se para um iogue. Quando chegou perto, reconheceu o famoso meditador que se alimentava apenas das entranhas de peixes que os pescadores jogavam para os cães.

Honrado com a presença desse grande iogue em seu reino, Indrapala foi conversar com ele. Ele lhe disse:

"– Você é um homem fino e belo. Por que não desiste de comer a carne podre dos peixes? Venha para o meu palácio. Eu lhe darei boa comida e tudo mais que você precisar".

E o iogue Luipa respondeu:

"– Estou muito satisfeito com as entranhas de peixe. A única coisa que preciso é saber como sair do interminável ciclo de sofrimento de vida e morte".

E o rei então lhe disse:

"– Mas eu lhe dou até o meu reino se você aceitar morar no meu palácio".

Ao que Luipa retrucou:

"– Se você me garantir o caminho da imortalidade, eu aceito".

"– Tudo que posso lhe oferecer é o meu reino e a mão de minha filha em casamento", disse o rei.

"– Bah!", disse Luipa balançando a cabeça com nojo, "E que utilidade essas coisas podem ter para mim?".

E o rei caiu em si quando se fez a mesma pergunta: " – E para mim?".

O diálogo com o iogue levou o rei a rever toda a sua vida e tomar a decisão de ceder seu reino ao filho para poder seguir seu caminho com Luipa.

Como mendigos, eles viajaram por várias cidades praticando suas meditações, até chegarem a Jantipur, onde visitaram uma casa de prostitutas sagradas. Luipa então vendeu o antigo rei como escravo para a diretora do prostíbulo. Para desfazer-se dele, porém, impôs duas condições: que ele tivesse um quarto só seu e dormisse sempre sozinho.

Indrapala serviu Darima, sua proprietária, por doze anos consecutivos sem nunca aproximar-se de nenhuma das servas divinas. Toda noite, ele se dedicava às suas meditações, tal como havia sido instruído por seu mestre. Passado todo esse tempo, um dos clientes da casa resolveu dar um passeio no jardim durante a noite. No jardim, ele sentiu um perfume muito diferente, maravilhoso, e resolveu seguir seu olfato para ver de onde vinha a deliciosa fragrância. Ele viu então uma luz ao longe e concluiu que o perfume poderia estar vindo daquele lugar. Caminhou em sua direção e a luz foi ficando cada vez mais intensa até que se surpreendeu ao ver o servo sentado sobre um trono, emanando uma intensa luz. Ele estava em profunda meditação, rodeado de belíssimas jovens que o contemplavam com devoção.

O cliente então chamou imediatamente a proprietária do escravo e, juntos, eles se prostraram a seus pés fazendo um pedido: queriam se tornar seus discípulos. Ele, aceitando o pedido, levitou para demonstrar os poderes sobrenaturais que possuía. Passou, então, a ser chamado de

Darikapa, que significa "o escravo da prostituta". Com essa história podemos ver como a vida de um Mahasiddha pode ocorrer de uma forma totalmente inesperada.

Shalu foi muito famoso no passado por cultivar práticas esotéricas transmitidas pelos Mahasiddhas. Por meio delas os monges praticavam o Tantra. Gangchen Rimpoche comentou uma vez que, como nessa época não havia teatros, cinemas, bares etc., todos os habitantes dos vilarejos próximos vinham testemunhar as proezas dos grandes iogues, inclusive o governador da província! Conta-se, por exemplo, que os monges ficavam em retiro por doze anos em cavernas fechadas por fora, sem nenhuma abertura por onde pudessem sair. Depois desse tempo, eram capazes de sair das cavernas usando os poderes extraordinários que tinham desenvolvido, como o de atravessar paredes, por exemplo.

Outra prática bastante comum na época era o controle da temperatura do corpo pela concentração no chakra do umbigo. Eles praticavam uma meditação tântrica chamada *tummo*, na qual eram capazes de atingir um estado elevado de consciência e beatitude ao aumentar o calor interno do corpo. Fazia parte do treino dessa meditação ficar nas montanhas geladas do inverno do Himalaia coberto por panos molhados até ser capaz de secá-los com o calor do corpo. O objetivo final não era o desenvolvimento desses poderes, mas os estados elevados de meditação que eles proporcionavam. Outro motivo para se desenvolver esses poderes era a possibilidade de ajudar os outros seres mais rapidamente por meio deles.

Ao lado do templo principal, onde estavam as *tankas* dos Mahasiddhas, havia um *gompa* menor com uma estátua de Vairochana de mais de 3 metros de altura. Ela estava quase completamente coberta por inúmeras *katas*, um testemunho da enorme quantidade de peregrinos que visitam o local. Uma lamparina de manteiga muito grande, de pelo menos um metro de diâmetro, iluminava o *gompa* com suas sete chamas. Em torno do templo principal foi construído um longo e estreito corredor. Nele, os monges e peregrinos fazem a prática da *kora*, isto é, caminham em volta do templo no sentido horário. Nós também andamos por esse corredor, que os monges chamam de *khorlam*. Tudo estava muito escuro; havia apenas uma pequena janela no alto de uma parede. Tirei algumas fotos usando o *flash* da máquina, sem saber direito o que eu estava fotografando. Caminhamos lentamente recitando mantras, escutando o som de nossas vozes ecoando.

As paredes são cobertas por afrescos com representações pictóricas das etapas do caminho para a Iluminação, com mandalas, divindades tântricas e cenas das vidas precedentes de Buddha Shakyamuni, relatadas nos Contos de Jakata. A versão original desses contos vem da Índia e foi transcrita em tibetano abaixo de cada cena dos afrescos. Esses contos fazem parte dos ensinamentos tradicionais de Buddha Shakyamuni. São 547 histórias mostrando como, em suas vidas passadas, Buddha dedicou-se a cultivar as qualidades de um ser iluminado, as Seis Perfeições: generosidade, paciência, moralidade, esforço entusiástico, concentração e sabedoria.

Na parte superior do monastério, construída por Butön Rinchen Drup, estão outros *gompas* menores. Na entrada de um desses templos estão três murais muito interessantes. À esquerda da porta, vimos uma ilustração dos vários estágios do desenvolvimento da concentração e um mapa astrológico. O mural à direita da entrada descreve com detalhes as regras do monastério, revelando um pouco de seu cotidiano.

Os estágios do desenvolvimento da concentração perfeita são ilustrados numa seqüência de desenhos com três personagens: um elefante, um macaco e um monge. O elefante evidencia o lado mais pesado da mente iludida, como a preguiça, e o macaco, a excitação mental, que interfere numa visão clara. No início, o desenho mostra que o macaco é deixado para trás e o elefante é controlado por um monge que monta sobre ele. Eles sobem um caminho curvo até que, no final do desenho, aparecem voando. Essa etapa ilustra que, tendo desenvolvido a concentração, a mente flui livre dos obstáculos da distração, como a preguiça, o esquecimento e a excitação.

O desenvolvimento da concentração é a base da paz interior. Em tibetano, essa concentração inabalável se chama *Shi Ne*, que significa "permanência serena" (*Samatha*, em sânscrito). Com essa prática, desenvolve-se a capacidade de focar a mente concentrada sobre um único objeto por mais de quatro horas! Gangchen Rimpoche nos aconselha a dedicar pelo menos cinco minutos do dia a essa prática, para aprendermos a nos concentrar.

Quando comecei a tentar desenvolver minha concentração, pensei que seria simples ficar apenas alguns minutos em silêncio. No entanto, logo descobri que estar concentrada na minha desconcentração interna era uma tortura. Depois compreendi que a atitude com que mantemos esse silêncio interno deve ser como a curiosidade de um cientista estudando o movimento de sua própria mente. Dessa forma, o hábito de julgar o que se passa nela se atenuou, mesmo com a confusão.

Gangchen Rimpoche nos aconselha, nessa prática, a não seguir os pensamentos, mas a deixá-los simplesmente fluir. O hábito de seguir nossos pensamentos, sejam eles positivos sejam negativos, vem do medo de perder a linha do raciocínio. No início parecia estranho praticar a concentração com a orientação de "não seguir o pensamento"; afinal, a idéia que temos de concentração é nossa capacidade de manter a mente numa mesma seqüência de idéias.

Essa prática, no entanto, não lida com o conteúdo dos pensamentos, mas sim com a percepção de sua natureza: como eles se formam, como eles vêm e vão. O fato de não seguirmos os pensamentos nos assusta, pois estamos acostumados a buscar segurança no que estamos pensando. Essa prática nos ensina a confiar num "estado de confiança", ou seja, a não buscar a segurança em idéias que de alguma forma parecem nos garantir que estamos "salvos".

Com essa meditação, aprendemos a abandonar o hábito de buscar confiança em nossas conclusões lógicas. Podemos então relaxar na natureza serena de nossa mente, que está sempre ali, independentemente do que estamos pensando. Assim descobrimos que podemos pousar numa segurança interna, natural em nós, que não depende de um entendimento lógico.

Essa prática é muito importante e transformadora. Um dos meus mestres, Guelek Rimpoche, afirmou que a vida de uma pessoa pode mudar radicalmente em seis meses se ela se dedicar a meditar dessa forma três minutos por dia.

Os murais de Shalu mostram ainda outras pinturas. Ao lado da história do macaco, do elefante e do monge, está um mapa astrológico desenhado pelo próprio Butön

Rinchen Drup, que mostra a relação entre o movimento dos planetas e os dias do ano. Os princípios da astrologia esotérica baseados no Tantra de Kalachakra foram introduzidos no Tibete por Atisha, por volta da época em que esteve em Shalu. O Tantra de Kalachakra relaciona o macrocosmo ao microcosmo.

Entramos em seguida no templo da parte sul do quadrante superior. Ali vimos uma estátua de Butön Rinchen Drup, ao lado da qual estão 26 volumes de textos compostos por ele, remanescentes de sua imensa obra. Nas paredes estão inúmeros mandalas com inscrições e comentários feitos pelo próprio Butön Rinchen Drup. Infelizmente não pudemos enxergá-los muito bem, pois havia muito pouca luz no local. Podíamos ver apenas as partes que iluminávamos com a lanterna.

No *gompa* ao lado, na parte oeste, encontram-se as relíquias mais antigas de Shalu. A mais famosa é uma estátua de Tchenrezig em pedra, da época de fundação do monastério. À sua frente está uma estátua de Buddha Shakyamuni, que, acredita-se, não foi esculpida, mas se formou naturalmente. Ao lado dela há uma famosa concha branca da época de Butön Rinchen Drup. Nessa concha vemos o desenho de uma letra tibetana (correspondente ao nosso "A"), que, como a estátua, também se manifestou espontaneamente. Segundo a tradição, essa concha emite sons por si mesma, sem que ninguém a assopre.

Nesse templo vimos também uma bolsa de couro de setecentos anos, onde guardam um mandala feito com peças de 108 tipos diferentes de madeira. As peças se encaixam como num quebra-cabeça. Esse mandala nunca foi desmontado, pois acredita-se que, uma vez desfeito, ninguém conseguirá remontá-lo. O monge que nos recebeu nos abençoou tocando essa tábua sobre nossa cabeça, enquanto recitávamos o mantra da interdependência positiva:

> om ye dharma hetu prabhawa
> hetun teshan tathagato
> hyavadat teshan kayo niroda
> evam vadi maha sramanaye soha

Esse mantra nos lembra que tudo está interligado: nada acontece ou existe por si mesmo. Ao recitá-lo, estamos nos conectando num nível sutil com as bênçãos da energia desse objeto sagrado.

Depois ele nos ofereceu um pouco de uma água considerada sagrada tirada de dentro de um grande jarro. Esse jarro foi abençoado por um Mahasiddha, que tornou assim sua água inesgotável. Ela é oferecida aos peregrinos há novecentos anos, desde quando o jarro foi trazido ao monastério por Atisha. O ano passado, quando Lama Michel esteve no Tibete, ele trouxe para mim um pouco dessa água numa garrafa térmica onde eu havia colocado um pouco de conhaque para servir de conservante.

Procuro usar essa água somente em situações em que sinto falta de algo que represente uma vibração positiva e sagrada. Eu havia aberto essa garrafa pela primeira vez há dois meses quando fui acompanhar o falecimento do marido de uma amiga. Acredito que nesse momento essa água se tornou também especial por todo o esforço dedicado para trazê-la até o Brasil e pelo respeito com que foi guardada.

No mesmo altar onde fica o jarro, há uma pedra com as letras tibetanas do mantra *om mani peme hung*. Dizem que essas letras também se manifestaram espontaneamente; já estavam escritas na pedra quando ela foi encontrada durante as escavações para a construção do monastério. De fato, as letras não parecem esculpidas. Vale a pena conferir: nas letras do mantra, a pedra é branca.

No Tibete deparamos com muitas coisas que a nossa mente racional tem dificuldade de aceitar. É uma boa oportunidade para nos abrir e olhar o novo. Não penso que a questão seja acreditar ou não, mas deixar a mente menos rígida, mais flexível para contemplar as diferenças sem julgá-las de imediato.

Nos meus cadernos de viagem costumo escrever a seguinte frase de Herman Hesse: "Aquele que viaja para terras longínquas freqüentemente estará se deparando com coisas muito distantes daquilo que acreditava ser a verdade. Ao voltar, quando falar a respeito disso em casa, será muitas vezes acusado de não estar sendo honesto. Porque as pessoas endurecidas não acreditarão naquilo que não vêm ou sentem claramente. A inexperiência, creio eu, muito pouco crédito dará à minha canção". Depois que comecei a viajar com Gangchen Rimpoche, não tive mais dúvidas sobre essas palavras...

Amanhã voltamos para Lhasa.

Tashi Delek!

LHASA,
19 DE AGOSTO DE 2000.

Menos de uma hora depois de ter partido de Shigatse, paramos para visitar uma Escola de Medicina Tibetana. Em uma sala de aula, vimos várias *tankas* com instruções sobre a medicina tibetana e uma exposição das ervas que eles utilizam para fazer os remédios.

Dr. Djampa Trinley, o principal médico e professor da escola, explicou-nos como ela funciona. O projeto dessa escola se iniciou em 1986 com o X Panchen Lama, que conseguiu o apoio da Cruz Vermelha Suíça e do governo da China para sua realização. Durante sete anos os alunos aprendem medicina, gramática e astrologia tibetanas. Depois de três anos de formados, tendo já acumulado experiência clínica, eles retornam para aperfeiçoar seus conhecimentos.

Shigatse, 16 de agosto de 2000.
1 e 2. Monastério de Tashi Lumpo.

1 e 2. Linhagem dos Panchen Lamas em frente à *Stupa* do X Panchen Lama.

3. Rimpoche distribuindo livro com ensinamentos de Panchen Zangpo Tashi.

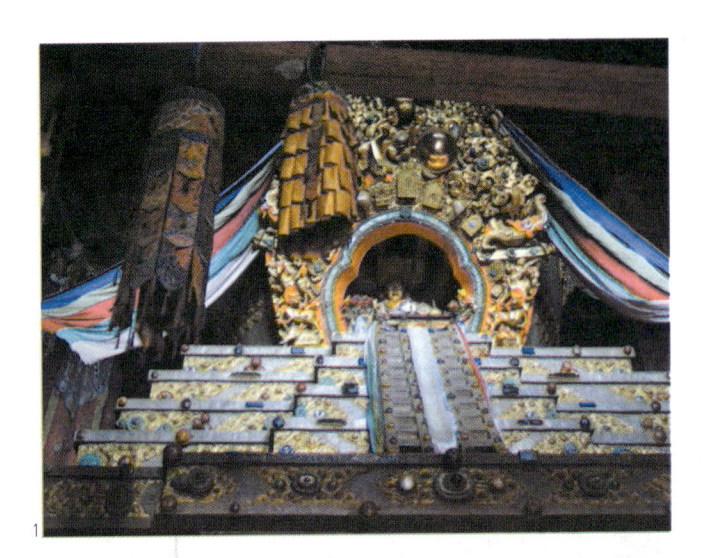

1 e 2. Monges no *gompa* principal de Tashi Lumpo.

1 e 2. Escola de
Tashi Lumpo.

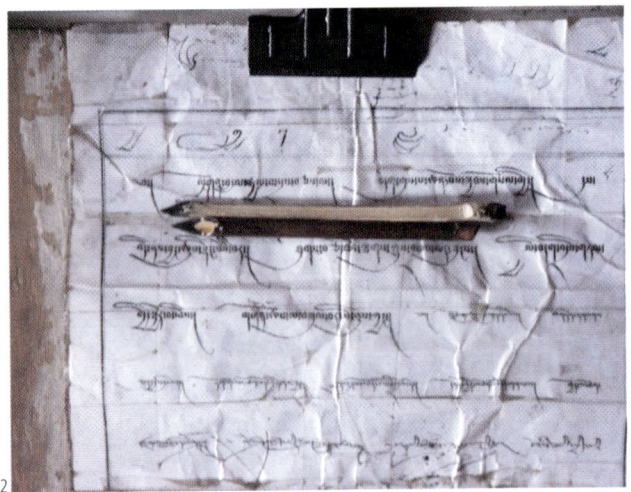

1. Foto de grupo no Palácio de Verão do Panchen Lama.

Shigatse, 17 de agosto de 2000.

1. Lama Michel rezando após jogar as cinzas.

2. Cemitério de Gangchen.

1 e 2. Papeizinhos "Cavalos de Vento".

1

Shigatse, 18 de agosto de 2000.

1. *RagDong*, trompa de metal com 2,5 metros de comprimento.

2. *Gyaling*, instrumento de palheta similar ao oboé, e *Gna*, grandes tambores suspensos lateralmente por uma vara e percutidos com uma vareta.

2

1 e 2. Monastério de Shalu.

3. Pátio do Monastério de Shalu.

1. *Tankas* dos Mahasiddhas.

2 e 3. Símbolos afrescos do séc. XIV, a Espada e a Roupa Preciosa.

1. Tábua com 108 tipos diferentes de madeira do séc. XIV e o jarro com a água sagrada de Shalu.

2. Concha branca.

3. Pedra com as letras do mantra *On Mani Peme Hung*.

1

Shigatse, 19 de agosto de 2000.

1. Monastério de Nyemo Gyalchen Gompa.

2 e 3. Recepção de Lama Gangchen Rimpoche.

2

3

1 e 2. Recepção de Lama Gangchen Rimpoche.

3. Torta de queijo com o símbolo da suástica.

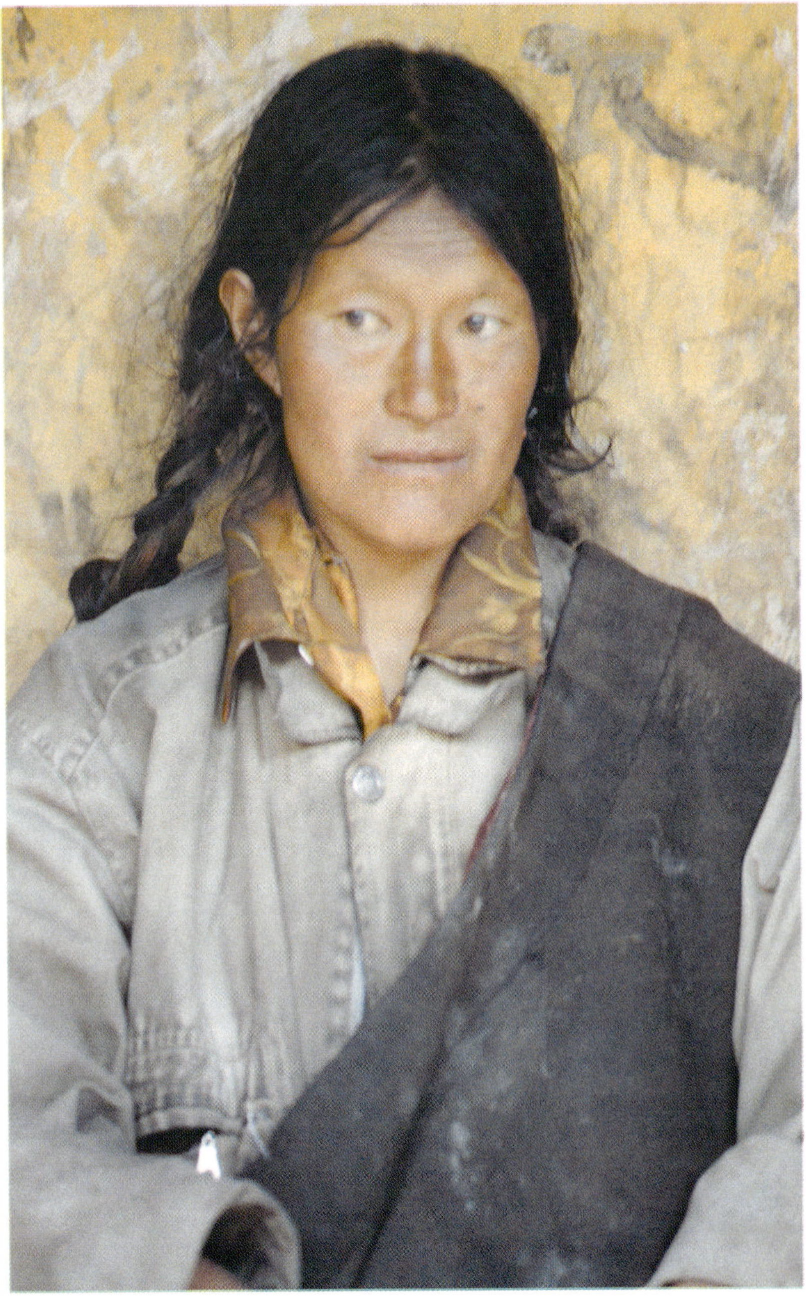

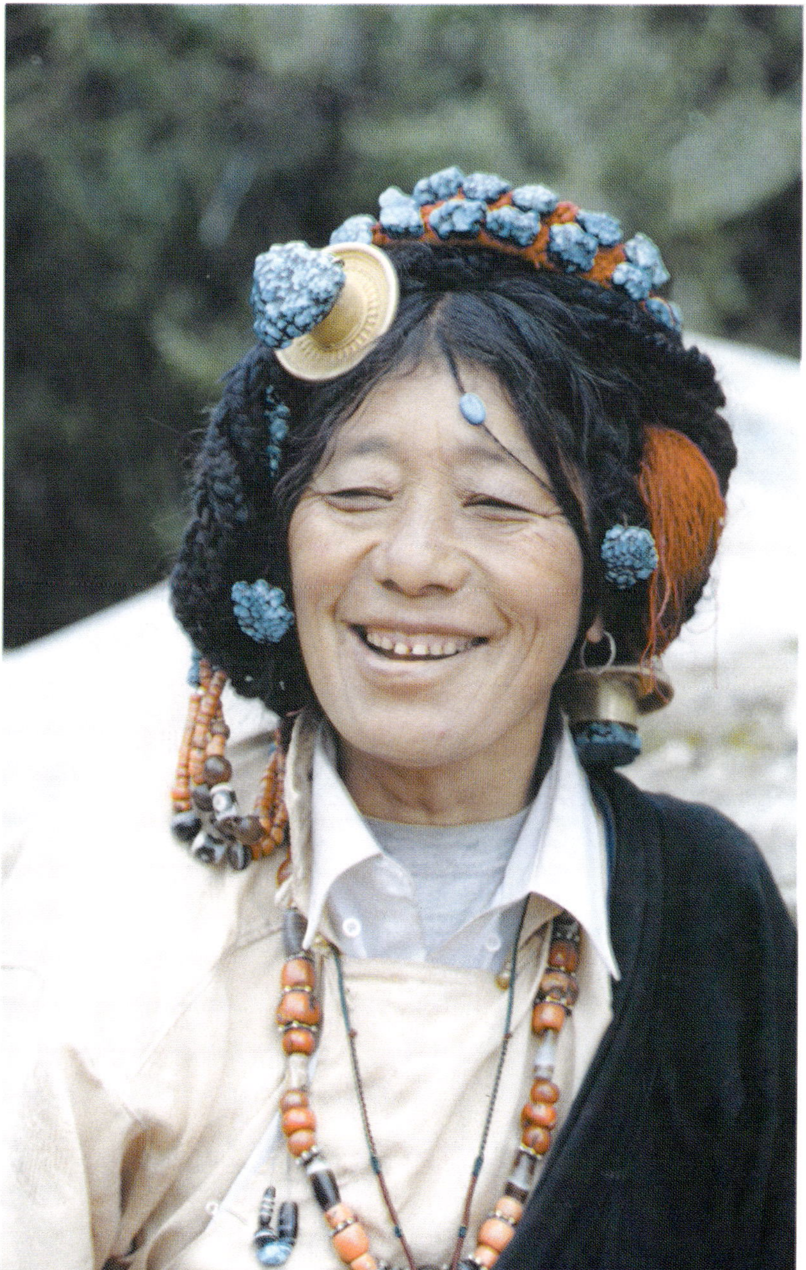

1, 2 e 3. Dia do casamento de Bel e Stefano, no Monastério de Gangchen - agosto de 1997.

Durante dois anos, os responsáveis pela escola realizaram uma pesquisa nos vilarejos próximos e chegaram a três conclusões: os tibetanos aceitam e têm fé na medicina tibetana; os médicos formados por essa escola estão realizando trabalhos de boa qualidade; e os representantes dos distritos apóiam os tratamentos baseados na medicina tibetana.

Com esses resultados, a Cruz Vermelha Suíça financiou um novo grupo de 42 estudantes por sete anos. Esses estudantes têm um compromisso com a escola: ao finalizar seus estudos clinicarão nos vilarejos onde nasceram.

Na medicina tibetana as qualidades interiores de um médico são consideradas tão importantes quanto as suas experiências e habilidades profissionais. Segundo os tratados médicos tibetanos, um médico deve ser ágil como um falcão, para saber distinguir as diferentes desordens constitucionais; deve ser paciente como um carneiro, para observar o desenvolvimento dos sintomas; prudente como uma raposa, para descrever os remédios quando as doenças se manifestam; e, finalmente, corajoso e decidido como um tigre, para lidar com as recaídas e complicações das doenças.

Assistimos a uma aula da turma de alunos novos. Eles são jovens, têm em média de dezesseis a vinte anos. Não havia meninas. Eles estavam memorizando textos, recitando-os num uníssono em voz alta, enquanto balançavam o corpo para a frente e para trás. Sem dúvida havia muita energia e concentração, incentivadas pela própria decoração da sala, bem iluminada e com janelas grandes. As paredes são pintadas de amarelo forte, enquanto as colunas e as mesas dos alunos são vermelhas, decoradas com afrescos de flores como os dos monastérios. Um dos afrescos me chamou especialmente a atenção: era um diagrama da astrologia tibetana.

A relação entre a astrologia e a medicina encontra-se descrita em um tratado que constitui a base do sistema médico tibetano, o Gyushi, ou Os Quatro Tantras. A versão na qual os estudantes baseiam até hoje seu aprendizado contém 5.900 versos compilados no século VII, durante o reinado de Songtsen Gampo. Esses conhecimentos, porém, têm mais de 2.500 anos, pois foram transmitidos pelo próprio Buddha Shakyamuni na Índia. O sistema médico tibetano, portanto, faz parte da tradição do Budismo.

Os tibetanos herdaram sua religião da Índia e sua astrologia da China. Acredita-se que a esposa chinesa do rei Songtsen Gampo, a mesma que o presenteou com a estátua Jowo, tenha trazido da China tratados médicos e astrológicos.

A astrologia ajuda a compreender as circunstâncias na qual uma pessoa se encontra, ou seja, as causas secundárias do seu karma. As causas primárias são as sementes kármicas que cada um criou para si de acordo com a intenção com que realizou suas ações de corpo, palavra e mente. Essas ações deixam marcas no contínuo mental, a mente muito sutil que transmigra de uma vida para outra.

Um astrólogo que possui esses conhecimentos pode, por exemplo, estudando a posição da Lua, de Marte e de Saturno no mapa de uma pessoa, saber que condições desencadeiam suas doenças.

A astrologia tem como objetivo ajudar as pessoas a conhecer sua natureza física, emocional, mental e espiritual. Dessa forma, pode-se indicar onde ela poderá ter uma atuação direta sobre as circunstâncias internas e externas que lhe são pertinentes a cada momento de sua vida.

A medicina tibetana estuda também os movimentos planetários porque considera importante sua influência sobre o ciclo de movimentos do "La", a energia sutil do corpo. Esse ciclo do "La" está descrito na agenda que fizemos segundo o calendário lunar tibetano.

A medicina tibetana está baseada no sistema médico ayurvédico. Esse sistema contém uma visão holística do ser: leva em consideração a personalidade, os hábitos, a idade, a alimentação, as condições do ambiente físico em que vive e as estações do ano. Por isso, a medicina tibetana dá especial atenção ao equilíbrio dos cinco elementos (espaço, ar, terra, fogo e água) e sua relação com os três humores psicofísicos: vento, bile e fleuma.

Segundo o Budismo, o sofrimento possui três causas-raiz: a ignorância, o apego e a raiva. A dinâmica desses três venenos mentais resulta na formação de três tipos de humores: vento, bile e fleuma. A personalidade depende de qual dos três venenos-raiz é mais forte em nós, além da dieta, dos fatores genéticos e do comportamento dos pais durante a concepção e a gestação.

Uma pessoa dominada pelo apego terá uma personalidade do tipo vento, com tendência a ser mentalmente instável e muito emotiva. Uma pessoa dominada pela raiva terá uma personalidade do tipo bile, com tendência a ter muita vitalidade física e mental e fortes explosões emocionais. Uma pessoa dominada pela ignorância, por fim, terá uma personalidade do tipo fleuma, com tendência à preguiça e a conter as emoções.

No livro *Autocura III*, Lama Gangchen Rimpoche descreve as características principais de cada um desses tipos e dá conselhos úteis sobre hábitos saudáveis específicos. A saúde física é um tema relevante nos textos sagrados sânscritos e tibetanos, pois quem se encontra com baixa energia física e vital tem mais dificuldade para fazer as práticas de meditação.

Na viagem de volta, aguardava-nos ainda uma surpresa: a visita a um monastério completamente isolado do contato ocidental, o Nyemo Gyalchen Gompa. Muitos de nós nem tínhamos entendido que ainda iríamos visitar mais um monastério. Eu, pelo menos, sem a menor idéia de que ainda faríamos mais uma visita, já estava entregue ao sacudir do ônibus, às montanhas, à imaginação e ao tempo indeterminado para a chegada. Já estávamos viajando havia cinco horas e *sempre* faltavam só "duas horas" para chegar... De repente, saímos da estrada principal e pegamos uma estrada menor.

A paisagem era fascinante, muito próxima do que imagino ser o que Gangchen Rimpoche chama de "Antigo Tibete", uma sociedade profundamente enraizada em valores espirituais e ambientais. As verdes montanhas ao fundo contrastavam com o dourado dos campos de cevada e com o brilho das águas dos riachos, que inspiravam fertilidade. Árvores com troncos largos e contorcidos acompanhavam a estreita estrada de terra. Pareciam oliveiras antigas.

Nos vastos campos víamos mulheres carregando enormes maços de cevada nas costas. Alguns camponeses paravam de trabalhar para ver nosso ônibus passar e acenar.

Quando chegamos ao monastério, toda a comunidade já estava na entrada esperando Gangchen Rimpoche. Mas, como chegamos antes dele, descemos do ônibus e timidamente fomos entrando e dizendo "Tashi Delek!".

As pessoas nos olhavam com receptividade. Acredito que a curiosidade fosse mútua. Por momentos me senti como num primeiro encontro do homem branco com uma tribo indígena. O fato de eu estar filmando não os inibia. Eles sorriam e, ao mesmo tempo, permaneciam imóveis, em expectativa, aguardando a chegada de Gangchen Rimpoche.

Enquanto tirávamos fotografias, Tiziana e eu fomos nos aproximando deles pouco a pouco. Com surpresa me dei conta de que havia vários anões por ali. Não sei por que havia tantos, mas eles com certeza aumentavam muito a magia do local. Um deles estava com um uniforme militar chinês, e outros dois eram monges. Um dos anões monges nos acompanhou durante toda a visita. Parecia um gnomo, um guardião de tesouros!

Sentíamos um aroma maravilhoso de incenso de folhas de pinheiro, que fazia muita fumaça. Por detrás dela, vimos a chegada do carro onde estava Lama Gangchen Rimpoche.

As crianças começaram a correr em direção do carro; à frente dele caminhavam cinco monges vestidos com capas e chapéus amarelos. Um deles segurava um enorme pára-sol amarelo, representando respeito e proteção. Outros dois tocavam algumas notas alternadas, como num trinado, num oboé conhecido por *Gyaling*; os dois restantes seguravam maços de varetas de incenso. À medida que o carro avançava, as pessoas jogavam suas *katas* no capô. Era um momento de muita alegria e emoção, mas eles se mantinham em ordem, sem criar tumulto.

Gangchen Rimpoche colocou o chapéu amarelo que representa a linhagem de Tsong Khapa assim que desceu do carro. Acompanhado de Lama Michel e outros monges, entrou no *gompa*. Só quando se sentou no trono é que os monges pararam de soar o *Gyaling*.

Quando entramos no templo, vimos que havia uma enorme foto de Lama Gangchen Rimpoche em um dos tronos. O próprio Francesco, nosso amigo italiano que havia tirado a foto, não sabia da existência desse monastério. Lama Michel também não sabia quase nada sobre ele: apenas que pertencia à linhagem Guelupa, e que Rimpoche contribuía para sua manutenção com doações. Atualmente só vivem quarenta monges lá.

Assim que começaram as preces, uma tibetana foi tomada por uma divindade protetora, como um oráculo. Ela se aproximou de Gangchen Rimpoche entoando um som agudo, que, segundo me explicaram, era a forma por meio da qual a divindade incorporada prestava sua homenagem a ele. Depois ela disse a Rimpoche algumas palavras em tibetano. Quando ele lhe colocou uma *kata* em volta do pescoço, ela voltou a si. Enquanto recitávamos rezas em tibetano junto com os monges, Rimpoche abençoava uma longa fila de camponeses tibetanos, um a um.

Um monge aproximou-se de Gangchen Rimpoche também em transe: mais um oráculo. Sua expressão facial era surpreendente: os olhos brilhavam e ele sorria respirando rápida e profundamente, ao mesmo tempo que girava a cabeça velozmente inúmeras vezes para a mesma direção. Ele se acalmava quando Rimpoche tocava sua cabeça; depois recomeçava a mover-se rapidamente. De repente, ele começou a esfregar no rosto as *katas* que os monges lhe ofereciam; em seguida, dava-lhes um nó e as abençoava com seu sopro.

Andréa e eu filmamos toda a cena. Era difícil manter a câmera firme. Eu sentia que tinha de me controlar para não tremer, tal era o impacto do que estávamos vendo. Depois, enquanto continuava a assoprar e dar nó nas katas que lhe ofereciam, o oráculo cumprimentou as pessoas à sua volta, batendo com firmeza a testa contra a testa de cada um. Gangchen Rimpoche lhe ofereceu um prato com grãos de cevada para que ele os abençoasse também. Ele então pegava punhados dessas sementes e assoprava-as. Mais tarde Rimpoche nos abençoou jogando essas sementes em nossa direção.

Desde os tempos antigos, a consulta a oráculos é bastante comum nas comunidades tibetanas. Os tibetanos têm muito respeito por esses seres que tornam possível uma maior aproximação com o divino. No Tibete, em geral os oráculos canalizam energias muito elevadas espiritualmente.

Um oráculo pode ter diversas funções: aconselhar, realizar curas físicas, mentais e emocionais, afastar espíritos e energias negativas e ajudar a realizar desejos positivos, de acordo com as condições pessoais de cada um.

A mediunidade é um dom natural que necessita de treinamento para ser desenvolvido. No Budismo Tibetano, para uma pessoa desenvolver seu potencial mediúnico, ela deve ser iniciada por um Lama, que realiza uma cerimônia de "abertura de canal". Essa cerimônia serve para garantir que o médium não seja usado por outras forças que não a evocada durante o transe.

Tive poucas oportunidades de assistir a médiuns em transe. Já assisti a outras cerimônias, budistas e não-budistas, em que evocavam uma divindade por meio de um oráculo. Dessa vez, a energia da divindade era muito especial, pois havia sido despertada com a presença de Gangchen Rimpoche. De qualquer forma, acredito que nós, ocidentais, ficamos sempre um pouco impressionados, pois nossa educação judaico-cristã não possibilitou ter familiaridade com esse tipo de prática.

Depois dessa cerimônia, fomos comer. O monastério havia nos preparado um almoço que considerei um banquete. Confesso que não experimentei nenhum prato, pois a manteiga de iaque que eles utilizam para cozinhar os legumes refogados, o arroz e as batatas é um "choque cultural" para o meu estômago. Muitas pessoas do grupo comeram sem problemas; outras comeram... com problemas. Eu preferi não comer.

Durante toda a viagem só comi duas vezes a comida local. Passei à base de sopas instantâneas das mais variadas, biscoitos, café instantâneo, muita granola no leite em pó, pêssego e pêra. Com exceção das frutas que eram locais, o resto eu trouxe tudo do Brasil, inclusive a tigelinha para a sopa, a caneca com o aquecedor de água e a colher. Meu "*kit* de viagem" deu muito certo; não tive nenhum problema de saúde. Todos os dias, eu tomava remédios de homeopatia, vitamina C e um complexo de vitaminas e sais minerais para fortalecer o sistema imunológico.

Quase sempre também levava comigo uma garrafa de água mineral com algumas gotas de Rescue, uma Essência Floral de Bach para situações de emergência. Mas, confesso, outro "santo remédio" para mim é a Coca-Cola. E, como até no Tibete podemos achar uma Coca-Cola em lata, em muitos momentos foi o que me ajudou a recuperar a energia!

Não é raro que os ocidentais tenham problemas de saúde viajando no Tibete, pois o vento é muito forte para nós. Grande parte do grupo teve gripe, dor de cabeça e vômitos, principalmente devido à altitude, diarréia, prisão de ventre, dor de estômago, febre, insônia, sinusite e alergia.

Cada um tem um jeito de se cuidar. Eu, pessoalmente, acho que não tive nenhum desses problemas porque estou sempre de capuz, mesmo no sol. À noite, ficar no quarto escrevendo me ajuda a manter a disciplina e a ficar centrada. São tantas as informações e emoções durante o dia... Escrever me ajuda a organizá-las.

A base da alimentação dos nômades e camponeses tibetanos é iogurte, leite, carne-seca de iaque e uma farinha de cevada tostada que se chama *tsampa*. A carne-seca é um alimento indispensável para eles. Como o Tibete está situado perto do Trópico de Câncer, possui um clima muito seco e com muitas ventanias, dificultando o cultivo de frutas e verduras. Apesar de um dos preceitos budistas ser o de não matar, muitos praticantes não são vegetarianos. No entanto, sempre rezam pelos animais sacrificados. Aliás, os praticantes budistas vegetarianos fazem o mesmo, pois têm consciência de que muitos outros pequenos animais como minhocas, insetos e formigas morrem para que seu alimento seja cultivado.

Outro alimento popular é uma espécie de queijo, que parece muito estranho para nós, ocidentais: além de ser duro, é azedo. Os cubinhos de queijo feitos com leite de iaque são enfiados num cordão que os tibetanos deixam perto da mesa por muito tempo.

Uma das "iguarias" oferecidas durante o banquete foi justamente uma torta feita desse queijo, decorada com o símbolo da suástica. Esse símbolo, tão presente na iconografia tibetana, costuma chocar os ocidentais por ainda estar associado em nossa cultura às impressões sinistras deixadas pelo nazismo. A direção das hastes da suástica usada por Hitler foi invertida em 45 graus. No Tibete, ele aparece nos paramentos, nas portas, nas paredes e até na decoração culinária. Em nosso Centro de Dharma da Paz em São Paulo, podemos observá-lo como figura central do brocado que decora o trono do Lama. Com freqüência, vejo as pessoas se surpreenderem ao encontrar esse símbolo em um Centro de Dharma.

Para quem não a conhece de nome, a suástica é uma cruz com quatro hastes de comprimento igual, cujas extremidades são prolongadas em ângulo reto, em linha reta ou em forma de arco, dando a impressão de um movimento circular. É um símbolo muito antigo e pode ser encontrado em diversas culturas. No Tibete, ele significa o que é eterno e imutável, qualidades também representadas pelo *vajra*, um dos implementos da meditação tântrica budista.

Agora de volta a Lhasa já sinto um sabor de final de viagem. Mas com certeza ainda haverá o que contar.

Tashi Delek!

Lhasa,
20 de agosto de 2000.

Depois de uma manhã livre, à tarde fomos visitar um pequeno templo que para nós, discípulos de Lama Gangchen Rimpoche, é um lugar onde nos sentimos em casa. Estive nesse templo várias vezes quando vim para o Tibete três anos atrás. Quando estamos lá, sentimo-nos à vontade para fazer as nossas meditações. Além de já conhecer os monges que lá vivem, amigos de Gangchen Rimpoche, o *gompa* é pequeno e aconchegante. A pouca luz das velas e o aroma do incenso tornam o ambiente acolhedor. Durante quase uma hora e meia fizemos as práticas principais de meditação dirigidas por Lama Gangchen.

Muitas vezes a meditação é entendida como um estado de desligamento do mundo e como uma passividade da mente. Ao contrário, a prática meditativa conduz a um estado mental ativo, que leva a uma percepção mais apurada da mente e do corpo. Para isso não é preciso nos distanciarmos das percepções externas; podemos meditar até mesmo de olhos abertos.

A meditação tântrica envolve ações do corpo (gestos ou mudras), da palavra (mantras) e da mente (visualizações de diferentes divindades, cores e pontos do corpo). Ter em mente todos esses aspectos é uma tarefa complexa, que gradualmente se torna possível. Não devemos nos desencorajar. A prática gera benefícios mesmo quando não somos capazes de realizá-la com perfeição. Por isso, não importa se a pessoa é ou não é budista: quem a pratica recebe seus benefícios. O objetivo da meditação é despertar o nosso potencial de autocura e auto-realização.

A Iluminação de um Buddha é um estado de consciência em que todos os fenômenos são percebidos simultaneamente. É um estado de abertura e espaço absoluto, pois está em contato com a natureza de espaço da própria mente que percebe todos os fenômenos como manifestações de grande bem-aventurança e vacuidade.

O potencial de Iluminação está dentro de nós, pois é a natureza da nossa própria mente. A natureza da mente é vazia e plena de espaço com energia criativa. Só não temos acesso a ela porque nossa mente está bloqueada por conceitos sustentados pelo medo e pela dúvida, que nos ocupam totalmente. Nem conseguimos imaginar o que seria uma mente sem pensamentos negativos! Nossos conceitos dão formas e limitam os pensamentos, enquanto a percepção que vai além deles está livre das limitações do tempo e do espaço.

Na maioria das vezes, buscamos sair do sofrimento negando o que está acontecendo. Entramos no caminho para a Iluminação quando passamos a ter uma visão direta do sofrimento, sem resistências ou medos. A meditação nos convida a olhar, a ter uma visão mais ampla do que está acontecendo dentro e fora de nós.

Estar naquele *gompa* com a presença de Lama Gangchen e de todo o grupo sem dúvida facilitou a meditação. Mas o Budismo nos incentiva a compreender que podemos encontrar o estado meditativo a todo momento; não precisamos nos distanciar de nossa realidade cotidiana. Temos de superar a imagem de que o que é puro está sempre distante de nós, e cultivar a idéia de que a pureza que buscamos faz parte de nossa natureza. Gangchen Rimpoche nos incentiva a introjetar essas experiências positivas para que depois, em nosso dia-a-dia, possamos meditar com mais facilidade.

Depois da meditação, Gangchen Rimpoche deu alguns ensinamentos sobre isso. Eu os gravei em um pequeno gravador e agora transcrevo para vocês:

"Nós estivemos em muitos lugares: em Shigatse, Gangchen e Lhasa. Espero que vocês tenham aproveitado e estejam felizes. Alguns talvez estejam cansados; mas eu espero que vocês tenham recebido um benefício real, que possam levar com vocês não apenas nesta vida, mas até a Iluminação. Uma das razões pelas quais viemos ao Tibete foi para inaugurar o Monastério de Gangchen; mas não foi só por isso que viemos. Estamos aqui para resolver o nosso problema com o elemento espaço.

Na sociedade moderna temos problemas com o espaço, tanto no nível físico grosseiro quanto no nível interno, mental. Sentimos falta de espaço externo e interno. Por isso, temos de começar a encontrar nosso espaço interno.

Eu pude mostrar para vocês a amplidão que existe no Tibete. Espero que vocês não tenham apenas olhado para ela, mas que também a tenham colocado dentro de vocês. Devemos levar com a gente toda a beleza que vimos estes dias. Se fizermos isso, teremos aproveitado muito bem todo o dinheiro que gastamos para vir até aqui, mesmo tendo muitas dificuldades durante a viagem.

Temos de criar um espaço muito grande dentro de nós. Nosso objetivo final é ter uma mente com muito espaço, uma mente que tenha um relacionamento direto com o elemento espaço. Quando tivermos a nossa mente repleta de espaço, seremos felizes de verdade.

No dia da inauguração, nós soltamos dois enormes balões. Já faz alguns anos que eu lhes ensinei a 'terapia do balão'. Espero que vocês tenham aproveitado esses balões para soltar com eles todo o seu nervosismo e suas dificuldades, e agora estejam se sentindo bem mais leves...

Outra terapia que eu criei para vocês ganharem espaço interno é a das caixas. Vocês devem usar diferentes caixas, uma para cada problema. Coloquem seus problemas nas caixas e, um dia, vocês podem fazer como com o balão: desfazer-se dessas caixas. Mas, se vocês quiserem manter seus problemas com vocês, deixem-nos dentro das caixas! Deixem os problemas em um espaço fora de vocês. Cada um tem de fazer sua experiência para entender o que estou falando. Se vocês ficarem com saudade de um problema, podem abrir a caixa e olhar para ele. Vocês logo vão sentir que não querem mais o problema, que não precisam mais dele.

Temos de aprender a nos separar da negatividade, a ver os problemas com uma visão mais distante, mais ampla. Temos de nos distanciar deles, dentro e fora de nós, para saber o quanto eles são pesados e negativos. Na realidade, os problemas não fazem parte da natureza de nossa mente. A energia da mente deve ser sempre um espaço limpo e leve. Assim poderemos reconhecer o espaço de nossa mente como algo muito precioso. Algo tão precioso que queremos preservar acima de tudo. Então temos de considerar e respeitar a energia preciosa da mente".

Amanhã voltaremos a este templo para meditar e teremos o resto do dia livre. Dia 22, depois de amanhã, vamos acordar de madrugada para pegar o vôo de volta para Katmandu. Lama Michel irá também para Katmandu por alguns dias e depois voltará para a sua casa: o Monastério de Sera Me, no sul da Índia. Dia 27 de agosto vamos nos despedir e, então, aguardar uma nova oportunidade de encontro, talvez daqui a um ano. Já há algum tempo aprendi a me despedir dele sem ficar angustiada. O segredo foi aprender a cultivar a satisfação dos bons momentos que vivemos juntos.

Gangchen Rimpoche e mais alguns amigos continuarão a viagem até Pequim. Depois ele voltará para a Itália, onde, em um pequeno vilarejo nas montanhas, dedica-se ao seu centro de cura, Albagnano Meditation Healing Center. Apesar de ter a base de sua residência na Itália, ele está sempre viajando por todo o mundo, comprometido com a paz mundial.

Sinto-me feliz por ter terminado esta viagem com experiências positivas que pude compartilhar também com vocês! Afinal, como disse Gangchen Rimpoche no primeiro dia que o vimos: "O importante é que o que pegarmos de bom devemos compartilhar depois".

Tashi Delek!

Glossário

Avalokitesvara de Mil Braços: Avalokitesvara, ou Tchenrezig em tibetano, é a manifestação da compaixão de todos os Buddhas. Ele também é conhecido por Buddha da Compaixão. Em uma de suas representações, ele aparece com mil braços, como uma forma de simbolizar seu esforço e empenho em ajudar todos os seres a superar o sofrimento.

Bardo: estado intermediário entre a morte e o renascimento. Nesse estado, vive-se a dúvida como fonte de sofrimento. Quando estamos vivendo sentimentos de dúvida em nossa vida, podemos vivenciar, em pequenas proporções, o que é o estado do Bardo.

Bodhichitta: o desejo altruísta de ver todos os seres livres do sofrimento e o sentimento de ser pessoalmente responsável por trazer a paz a todos os seres.

Buddha: um ser que purificou totalmente as energias do corpo, a palavra, a mente, as qualidades e as ações, tendo abandonado todas as ilusões mentais e os registros por elas deixados. Muitos seres tornaram-se Buddhas no passado, e muitos vão se tornar Buddhas no futuro.

Chakra: centro de energia vital sutil onde se unem muitos canais de energia sutil. Os chakras principais se localizam em pontos específicos ao longo do canal, que está à frente de nossa medula espinhal. Os chakras, canais e fluxos de energia vital são fenômenos de nosso corpo sutil, não podendo, portanto, ser detectados pelo olho humano comum.

Contínuo mental: nossa mente muito sutil, que transmigra de uma vida para outra. O Budismo explica que a natureza fundamental da consciência humana é pura e clara. Por essa razão, o potencial da Iluminação está em nosso interior. Ou seja, não se trata de uma mera possibilidade abstrata, mas de uma força que surge de nossa consciência.

Corpo comum: no Budismo, usa-se a expressão "corpo comum" para designar nosso corpo físico atual, diferenciando-o do "corpo sutil" (chakras e fluxos de energia que constituem nosso corpo em seu nível sutil).

Dalai-Lama: governante temporal e espiritual do Tibete até a ocupação chinesa em 1959.

Dharma: os ensinamentos de Buddha para curar todos os nossos sofrimentos do corpo e da mente. O Dharma inclui também todos os métodos, meditativos ou não, que transformam nossas negatividades em sabedoria.

Escolas do Budismo Tibetano, As: ao longo da história do Budismo no Tibete, a influência de mestres indianos diferentes resultou na formação de diferentes escolas ou linhagens. Dentre estas, quatro se destacam: Guelupa, Kagyupa, Sakyapa e Nyingmapa.

A linhagem Nyingmapa, ou "Aderentes dos Antigos Ensinamentos", iniciou-se com os discípulos de Padmasambhava, o mestre indiano que levou o Budismo para o Tibete no século IX e completou a construção do primeiro monastério, Samye. Depois dessa fase, conhecida como a "Primeira Propagação da Doutrina", seguiu-se um período de perseguição ao Budismo, durante o qual a continuidade dos ensinamentos foi garantida por eremitas e comunidades isoladas.

A origem das outras linhagens data da época da "Segunda Propagação da Doutrina", por volta do século XI. A escola Kagyupa foi fundada pelo grande tradutor e iogue tibetano Marpa. Durante os dezesseis anos em que viveu na Índia, Marpa recebeu ensinamentos do grande mestre indiano Naropa. Depois que voltou para o Tibete, ele se tornou um famoso tradutor de textos budistas e, para os seus discípulos, um mestre tântrico de muito poder, detentor direto de uma linhagem esotérica de grandes meditadores e iogues indianos. Seu mais famoso discípulo foi Milarepa, que mais tarde se tornou um dos mestres mais reverenciados do Tibete.

A escola Sakyapa foi fundada por Bromi, um outro tibetano que, como Marpa, passou muitos anos estudando na Índia com grandes iogues, especialmente com o famoso mestre Shamtipa. Em 1249, o imperador da Mongólia, que então dominava o Tibete, deu a ele o cargo de regente do Tibete. Esse é considerado o início da teocracia tibetana, regime que persistiu até a ocupação chinesa.

A escola Guelupa foi fundada no século XV por Lama Tsong Khapa. Sua origem, porém, também remonta ao século XI, pois se baseia nos ensinamentos deixados pelo grande mestre indiano Atisha. Quando esteve no Tibete, Atisha fundou a escola Kadampa, que, alguns séculos mais tarde, foi absorvida pela Guelupa.

Essências Florais: criadas pelo Dr. Edward Bach na Inglaterra do início do século XX, as essências florais são remédios naturais feitos à base de ervas e árvores florescentes. A prática iniciada por Edward Bach sofreu grande desenvolvimento a partir do final da década de 1970, quando um crescente número de clínicos e seus pacientes começou a buscar tratamentos que enfatizassem a cura holística e a prevenção das doenças.

Guru: ver Lama.

Guyasamadja: significa "A Assembléia Secreta". Guyasamadja é uma das principais divindades do Ioga Tantra Superior. Seus textos foram escritos no século IV de nossa era, sendo portanto muito antigos. Lama Tsong Khapa, o fundador da escola Guelupa, dedicou muitos comentários a essa meditação, pela qual ele atingiu a Iluminação.

Heruka: uma das meditações importantes do Tantra Superior.

Iluminação: a Iluminação de um Buddha é um estado de consciência em que todos os fenômenos são percebidos simultaneamente. É um estado de abertura e espaço absoluto, pois está em contato com a natureza de espaço da própria mente que percebe todos os fenômenos como manifestações de grande bem-aventurança e vacuidade.

Impermanência: refletir e familiarizar-nos com o fato de tudo ser impermanente é a solução para muitos dos nossos problemas. Temos, no entanto, uma visão incorreta da realidade quando pensamos que tudo existe por si mesmo e é permanente. Apesar de sabermos intelectualmente que nada é permanente, agimos como se tudo fosse. Um exemplo disso é que nunca pensamos que podemos morrer nos próximos minutos. Vivemos como se fôssemos eternos e nos assustamos com a chegada da velhice.

Iniciação: cerimônia na qual o Guru, por meio de sua meditação, coloca a semente das qualidades iluminadas em seus discípulos. Em inglês, essa cerimônia se chama *empowerment*, que significa "transferência de poder".

Interdependência: em tibetano, a palavra que significa interdependência é *Tendrel*. Buddha Shakyamuni disse: "Porque as coisas existem interdependentemente não pode haver existência independente". A interdependência significa que todos os fenômenos estão relacionados a causas e efeitos, e que a relação causa-efeito é a origem da realidade.

Iogue: palavra sânscrita usada para se referir aos praticantes que atingiram a união da concentração inabalável (*Shi Dé*) com a visão superior de todos os fenômenos. Palavra sânscrita que, no Budismo Tibetano, é usada para se referir aos praticantes de meditações tântricas que já desenvolveram profundamente sua concentração e sua sabedoria.

Kalachakra: um dos mais importantes textos do Budismo Tântrico, o Tantra de Kalachakra contém ensinamentos e métodos de meditação sobre a relação do macrocosmo com o microcosmo.

Karma: as ações e seus efeitos. Nossas ações podem ser positivas, negativas ou neutras. Devemos tomar consciência gradualmente de todas as nossas ações, para podermos parar de agir inconscientemente, ignorando as conseqüências de nossos comportamentos.

Lama: tradução tibetana para a palavra sânscrita "guru". Um Lama é um mestre capaz de nos ensinar os métodos adequados para superarmos nossos sofrimentos e aperfeiçoarmos nosso corpo, palavra, mente, qualidades e ações.

Lama Gangchen Rimpoche: aos cinco anos, Gangchen Rimpoche foi entronado no Monastério de Gangchen Choepeling como a encarnação de um importante mestre de cura. Ele estudou medicina, astrologia, meditação e filosofia em duas das maiores universidades monásticas do Tibete. Em 1963, após a entrada dos chineses no Tibete, foi para Índia, onde continuou seus estudos na Universidade de Varanasi. Desde 1981 vive no Ocidente, tendo fixado sua sede na Itália.

Depois de 24 anos, voltou pela primeira vez ao Tibete, agora com sua cidadania italiana. Desde então, acompanhado de seus amigos e discípulos, criou as condições necessárias para reconstruir seu monastério, fundar escolas, plantar árvores, cuidar da água, de seu povo e de sua tradição. Lama Gangchen Rimpoche trabalha pela paz mundial.

Lama Michel Rimpoche: Lama Michel nasceu em julho de 1981, em São Paulo. Em fevereiro de 1994 tornou-se monge e passou a viver, acompanhado de seu pai, no monastério de Sera Me, no sul da Índia. Desde então, ele vive nesse monastério, onde continua seus estudos de filosofia budista tibetana. Lama Michel acompanha Lama Gangchen em muitos encontros pela paz mundial, em suas viagens pelo mundo.

Em julho de 1994, Lama Michel foi reconhecido oficialmente pela sociedade tibetana como a reencarnação de Lobsang Choepel. Lobsang Choepel foi mestre e assistente de Gangchen Rimpoche nesta vida, quando ele vivia no monastério no Tibete. Ele faleceu quando Gangchen Rimpoche tinha 13 anos.

Mandala: significa literalmente "círculo". Um mandala é um palácio ou a moradia de um Buddha. É representado em pinturas e esculturas e, em geral, encontra-se em seu centro o Buddha específico que o habita. Muitas práticas tântricas de meditação incluem a visualização de mandalas muito complexos.

Manjushri: conhecido também como o Buddha da Sabedoria, Manjushri é a manifestação da sabedoria de todos os Buddhas. Ele é representado como um jovem em postura de meditação empunhando uma espada, que simboliza sua capacidade de cortar a ignorância com muita rapidez.

Mantra: sons sagrados por meio dos quais transformamos nosso estado mental negativo em positivo, protegendo a mente dos obscurecimentos.

Naga: ser que não é visível para os humanos e vive, em geral, nos oceanos, rios e lagos. Os nagas são considerados pelos tibetanos seres muito poderosos, sendo alguns benéficos e outros maléficos.

Shambala: reino lendário no qual todos os habitantes desenvolveram em alto nível seu potencial humano. O reino de Shambala faz parte da tradição do Budismo Tântrico, mais especificamente do Tantra de Kalachakra. Acredita-se que, devido ao alto desenvolvimento das práticas tântricas de seus habitantes, esse reino tenha se desmaterializado, passando para um nível mais puro e sutil da realidade.

Tantra: ensinamentos de Buddha que levam à obtenção rápida da Iluminação; são métodos para treinar a mente trazendo o resultado futuro, ou seja, a mente iluminada, para o caminho presente.

Vacuidade: é o modo verdadeiro de existência de todas as coisas: a ausência de existência inerente. A vacuidade é a visão correta da realidade. Devido à nossa ignorância, no entanto, pensamos e reagimos como se todas as pessoas e tudo à nossa volta existisse por si próprio. Não percebemos que somos nós mesmos que projetamos e avaliamos o mundo exterior a partir de nosso mundo interior.
Enquanto esse mecanismo psíquico de projeção atuar sem a percepção correta da realidade, isto é, que nada possui uma existência própria e inerente, sofreremos devido ao apego, à aversão e à ignorância.

Vajrasattva: ser indestrutível. Essa é a divindade que manifesta o poder de purificação de nosso karma negativo.

Yamantaka: manifestação irada de Manjushri, o Buddha da Sabedoria.

A Autora

Bel Cesar pratica a psicoterapia pela perspectiva budista. Com formação em musicoterapia, psicologia e Aura-soma, dedica-se ao estudo da psicologia do Budismo Tântrico Ngel So, transmitida por Lama Gangchen Rimpoche em seus cursos no Oriente, na Europa e no Brasil. Desde 1987, sob a orientação espiritual de Gangchen Rimpoche, é responsável pela direção do Centro de Dharma da Paz Shi De Choe Tsog, em São Paulo, onde realiza com regularidade palestras e meditações.

Correspondência para a autora:
Rua Aimberê 2008, Perdizes
CEP: 01258-020 – São Paulo – SP
e-mail: belcesar@originet.com.br

Maiores informações

Centro de Dharma da Paz Shi De Choe Tsog
Rua Aimberê 2008, Perdizes
CEP 01258-020 – São Paulo – SP
Tel./fax: (0xx11) 3871 4827
e-mail: darmapaz@ig.com.br

AACHAA – Associação de Artes Curativas Himalaia, Amazônia, Andes
Tel.: (0xx11) 3812 1594
e-mail: aachaa@uol.com.br

Kuryuk Jamtse Ling – Meio Ambiente de Amor e Compaixão
Manaus – AM
Tel.: (0xx92) 236 4763 – Cel.: 9113 6959 falar c/ Daisy
e-mail: daisycamargo@uol.com.br

A Porta Secreta da Paz
Rua Voluntários da Pátria 450, ap. 602
CEP 22270-010 – Rio de Janeiro – RJ
Tel./fax: (0xx21) 527 9085
e-mail: gangchen@esquadro.com.br

Pax Drala
Largo das Neves 12, Santa Teresa,
CEP 20240-040 – Rio de Janeiro – R J
Tel.: (0xx21) 252 3777
e-mail: paxdrala@osite.com.br

Albagnano Healing Meditation Center
Via de Morti 1
Zip 28813 – Albagnano di Bée – Verbania – Itália
Tel./fax: (00xx39) 03235 6237
e-mail: peaceaction@libero.it

Kunpen Lama Gancen
Via Marco Polo 13 – 20124 – Milão – Itália
Tel.: (00xx39) 02-6590442
Fax: (00xx39) 02-29010271
e-mail: klg@micronet.it

Peace Times – Good News for the World
e-mail: lgpp@ciaoweb.it

Sites:
www.peacenvironment.net
www.centrodedharma.com.br

BIBLIOGRAFIA

BAKER, Ian. *L'arte tibetana della salute*. Itália, Mondadori, 1998.

BATCHELOR, Stephen. *The Tibet Guide*. Londres, Wisdom Publications, 1987.

BECHERT, Heinz & GOMBRICH, Richard. *The World of Buddhism*. Londres, Thames and Hudson Ltd, 1991.

BEER, Robert. *The Encyclopaedia of Tibetan Symbols and Motifs*. Boston, Shambala, 1999.

BRIGGS, John & PEAT, F. David. *Sabedoria do Caos*. Rio de Janeiro, Campos, 2000.

CESAR, Bel. *Oráculo Lung Teng*. São Paulo, Sarasvati Multimídia, 1994.

CHAN, Victor. *Tibet Handbook – A pilgrimage Guide*. California, Moon Publications, 1994.

CHODAG, Tiley. *Tibet - The Land and the people*. Pequim, New World Press, 1988.

COLEMAN, Graham. *A Handbook of Tibetan Culture*. Calcutá, Índia, Rupa & Co, 1995.

DOWMAN, Keith (Tradutor). *Buddhist Masters of Enchantment*. Rochester, Vermont, Inner Traditions, 1998.

LANDAW, Jonathan and WEBER, Andy. *Images of Enlightenment*. Ithaca, New York, Snow Lion Publications, 1993.

LEVENSON, Claude B. *Symbols of Tibetan Buddhism*. França, Assouline, 1997.

_____. *Tibetan Buddhist Monasery Bkra-sis-lhum-po*. China Publishing House.

_____. *The Potala – Holy Palace in the snow Land*. China Travel & Tourism Press, 1998.

MARINANGELI, Luciana. *Astrologia Tibetana*. Itália, Mediterranee, 1987.

PERDUE, Daniel (Tradutor). *Debate in Tibetan Buddhist Education*. Dharmsala, Índia, Library of Tibetan Works and Archives, 1976.

POWERS, John. *A Concise Encyclopaedia of Buddhism*. Oxford, Oneworld Publications, 2000.

RAINERI, M.G. & CRESPI, E. *Tibet – viaggio nella Terra Proibita*. Bolonha, Itália, Calderini, 1988.

RIMPOCHE, Dagyab. *Budhist Symbols in Tibetan Culture*. Wisdon Publications, 1995.

RIMPOCHE, Lama Gangchen. *Autocura Tântrica II*. São Paulo, Sherab, 1993.

_____. *Autocura Tântrica III*. São Paulo, L. G. Sarasvati, 1998.

_____. *Fazendo as Pazes com o Meio Ambiente*. São Paulo, Centro de Dharma Shi De Choe Tsog, 1999.

SCHUMANN, Hans Wolgang. *Immagini Buddhiste*. Itália, Mediterranee, 1989.

SIRTORI, Vittorio. *Dizionario del Buddhismo*. Itália, Garzanti, 1994.

VARENNE, Jean-Michel. *O Budismo Tibetano*. São Paulo, Martins Fontes, 1986.

WEI, Jing. *100 Perguntas sobre Tibet*. Pequim, China, Beijing Informa, 1988.

ZHOU, Shan. *The Reincarnation of the Panchen Lama*. China Intercontinental Press.

Morrer não se improvisa

Relatos que ajudam a compreender as necessidades emocionais e espirituais daqueles que enfrentam a morte

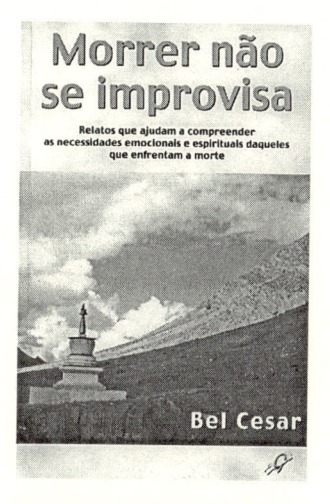

Ao compartilhar sua vivência clínica como psicóloga, Bel ensina que a morte pode se tornar mais tranqüila se houver uma preparação psicológica e um acompanhamento espiritual anterior. O que ela propõe neste livro pode ser aplicado por qualquer pessoa, de qualquer religião. Discípula do mestre espiritual Lama Gangchen Rimpoche, Bel aplica a perspectiva budista no seu trabalho ao mesmo tempo em que atende às necessidades espirituais de cada paciente.

A convite de Bel Cesar, dezessete representantes espirituais, médicos e terapeutas, do Brasil e do exterior, complementam o livro e nos mostram diversas maneiras de se fazer esse acompanhamento a pessoas que enfrentam a morte.

Impressão e Acabamento
Com fotolitos fornecidos pelo Editor

**EDITORA e GRÁFICA
VIDA & CONSCIÊNCIA**

R. Agostinho Gomes, 2312 • Ipiranga • SP
Telefax: (11) 6161-2739 / 6161-2670
e-mail: gasparetto@snet.com.br
site: www.gasparetto.com.br